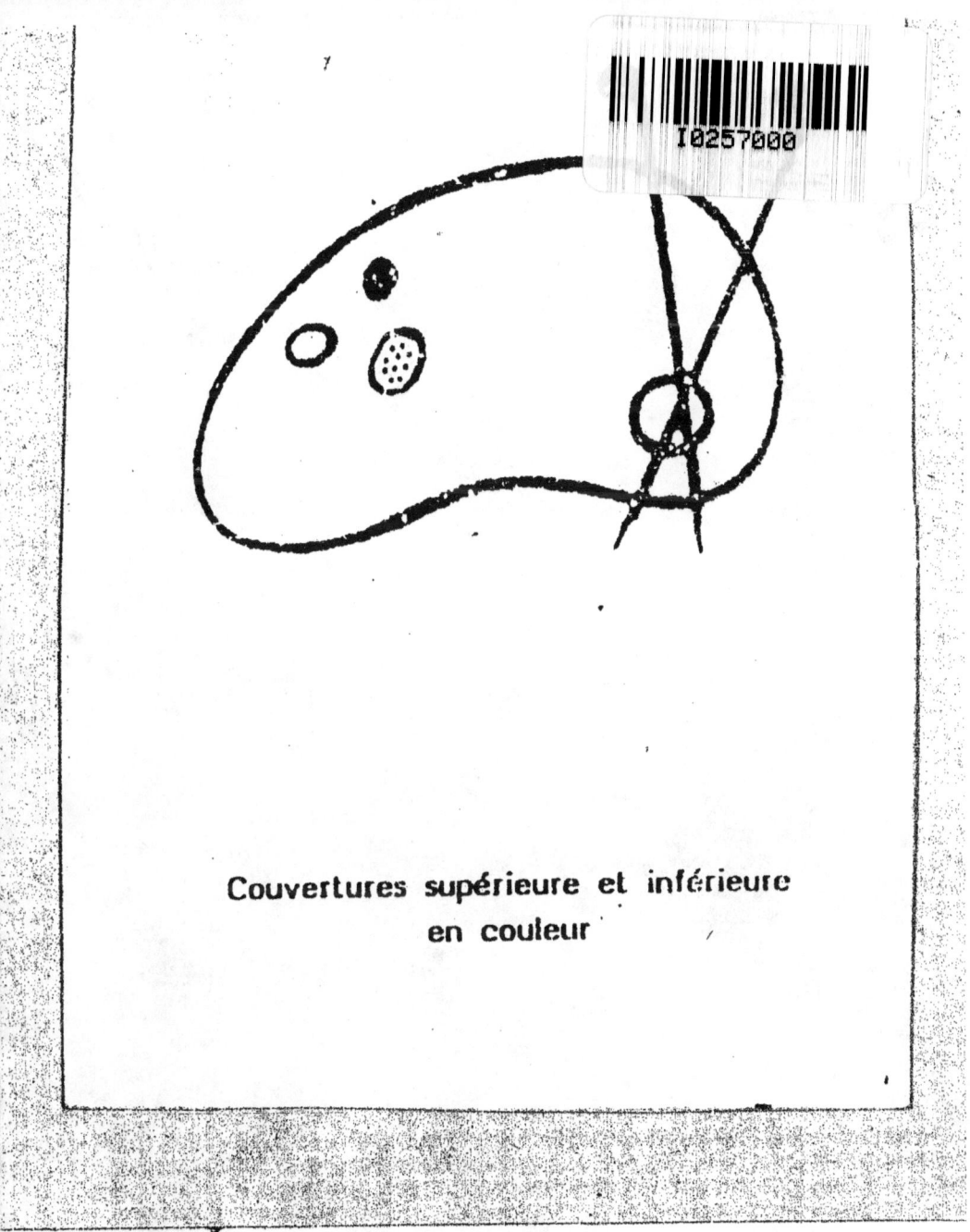

Couvertures supérieure et inférieure
en couleur

8°Y²
3901

COLLECTION MICHEL LÉVY

LES

DEMOISELLES TOURANGEAU

CALMANN LÉVY, ÉDITEUR

OEUVRES

DE

CHAMPFLEURY

Format grand in-18

LES AMOUREUX DE SAINTE-PÉRINE...........................	1 vol.
AVENTURES DE MADEMOISELLE MARIETTE...................	1 —
LES BOURGEOIS DE MOLINCHART..............................	1 —
CHIEN-CAILLOU..	1 —
CONTES VIEUX ET NOUVEAUX..................................	1 —
LES DEMOISELLES TOURANGEAU...............................	1 —
LES EXCENTRIQUES...	1 —
LA MASCARADE DE LA VIE PARISIENNE.....................	1 —
M. DE BOISDHYVER..	1 —
LES PREMIERS BEAUX JOURS....................................	1 —
LE RÉALISME...	1 —
LES SENSATIONS DE JOSQUIN...................................	1 —
SOUVENIRS DES FUNAMBULES..................................	1 —
LA SUCCESSION LE CAMUS......................................	1 —
L'USURIER BLAIZOT...	1 —

Poissy. — Typ. S. Lejay et Cie.

LES DEMOISELLES
TOURANGEAU

PAR

CHAMPFLEURY

NOUVELLE ÉDITION

PARIS

CALMANN LÉVY, ÉDITEUR
ANCIENNE MAISON MICHEL LÉVY FRÈRES
RUE AUBER, 3, ET BOULEVARD DES ITALIENS, 15
A LA LIBRAIRIE NOUVELLE

—

1877

Droits de reproduction et de traduction réservés

A MON AMI

LE DOCTEUR

GÉRARD PIOGEY

PRÉFACE

Ce livre parut dans *la Presse* précédé des quelques lignes suivantes, qui n'auraient pas besoin d'être réimprimées, si elles ne servaient de date à l'histoire de l'association du roman avec le feuilleton, et si elles ne constataient le mouvement qui fait qu'aujourd'hui le roman, débarrassé de ses lisières, vit par lui-même, s'impose aux lecteurs et ne subit aucune influence extérieure.

« Le roman actuel pouvait être publié seulement dans le journal *la Presse*, car la liberté qu'y invoque chaque jour un vaillant publiciste n'est pas un vain mot. De tout temps il a accordé à la littérature la liberté qu'il réclamait pour la politique.

» Mes précédentes études de mœurs, publiées dans la *Presse* depuis dix ans (1), sont dues à l'indépendance dont on m'a laissé jouir.

» M. Émile de Girardin, le premier, m'ouvrit les portes d'un important journal, en me laissant la bride sur le cou. J'ai profité tout jeune de cette extrême liberté et n'ai cherché qu'à la faire tourner au profit d'expérimentations littéraires.

» Éloigné par ma nature du moule habituel du roman-feuilleton, plus préoccupé d'amasser des faits et de grouper des observations que de brusques péripéties, préparant lentement des travaux qui semblaient avoir besoin du recueillement du livre, sans m'inquiéter comment le public de la vente « au numéro » accueillerait le morceau de galette qu'il est d'habitude de lui découper en tranches sous le titre de *feuilleton*, j'ai toujours rencontré des lecteurs si sympathiques à mes tentatives, que je croirais leur faire injure en les priant de suivre avec attention les développements de caractères dont les secrets rapports et les affinités physiologiques m'ont longtemps préoccupé.

(1) *Les Bourgeois de Molinchart* (1854), *Monsieur de Boisdhyver* (1856), *les Amoureux de Sainte-Périne* (1858), *le Violon de faïence* (1861).

» A la tête de faits qui, dans divers milieux et à diverses reprises, se présentèrent identiquement semblables, je posais un pied timide dans un domaine nouveau qui semblait interdit au roman, lorsque de certaines analogies d'observations de trois intelligences, Gœthe, Sainte-Beuve, le docteur Moreau (de Tours), sur les rapports du physique et du moral, sur les liens étroits de race et de parenté, me confirmèrent dans la généralité de ces faits dont la loi était à peu près trouvée.

» Le secret de cette loi est enfermé dans les derniers actes du drame actuel; mais, avant tout, publiant un roman, j'accepte le jugement des lecteurs habituels de romans, aussi sévère qu'il soit, dût-il détruire en quelques heures ce qui a demandé à l'auteur quelques années de réflexion. »

CHAMPFLEURY

Puteaux, 7 juillet 1863.

LES
DEMOISELLES TOURANGEAU

— JOURNAL D'UN ÉTUDIANT —

I

Longpont est une sous-préfecture dont on a parcouru les rues en moins d'une heure, et l'endroit manquerait tout à fait de pittoresque si un vieux château en ruine ne dominait la ville. Qu'il est singulier, en quittant Paris, de se trouver au milieu de cinq mille âmes si tranquilles !

Le lendemain de mon arrivée, levé de grand matin, et regardant du haut de la tour du château toutes ces maisons endormies, je me disais : A quoi pense-t-on ici ?

Ces braves gens se couchent tôt, se lèvent tard,

vont et viennent, discutent sur des riens et ne sont préoccupés ni de graves questions scientifiques ni de grands intérêts matériels. Les bourgeois de Longpont vivent-ils ? J'ai rencontré en descendant du château quelques rares promeneurs : ne seraient-ce pas des êtres artificiels qui jouent à la vie ?

Nous venions à Longpont, Michel et moi, pour nous refaire l'estomac, et nous retournerons à Paris sous le coup de nombreuses indigestions.

Madame Tourangeau, une excellente femme qui adore son fils, s'imagine que les étudiants vivent à Paris comme des princes, et elle a peur que nous ne trouvions sa cuisine modeste, quand Sancho lui-même ouvrirait de grands yeux devant la desserte. Ce ne sont que canards, poulets, dindons qu'on enlève à la basse-cour pour les mettre à la broche.

La maison Tourangeau est transformée en pâtisserie, et l'une des sœurs de Michel, mademoiselle Julienne, passe sa journée à confectionner des pâtés, des tartes, des crèmes qui suffiraient à nous nourrir, à Paris, pendant six mois,

Michel et moi. Malgré nos prières, madame Tourangeau et sa fille ne s'arrêtent pas et pétrissent tout le jour, nous prenant sans doute pour deux ogres.

Le père de Michel m'a sauté cordialement au cou dès mon arrivée, et tout de suite :

— Je vais vous montrer mes constructions, nous a-t-il dit.

Car il a pour occupation d'acheter des maisons, de les jeter à bas et de les faire rebâtir, donnant autant de mouvement aux pierres qu'à sa personne.

Sans cesse il bat les rues de la ville, harcelant menuisiers, serruriers, maçons et charpentiers. C'est une activité de cerf aux abois. Je causais dernièrement avec lui devant une de ses chères maisons en construction ; je me retourne, il m'avait quitté pour grimper aux mansardes, et de là, il continuait la conversation.

M. Tourangeau est un homme à projets qui effraye sa femme par les imaginations qui lui trottent sans cesse dans la tête et qui le font s'écrier depuis quarante ans : « Je tiens ma fortune ! » sans avoir réussi à autre chose qu'à écorner son patrimoine.

Madame Tourangeau est le contre-poids qu'il fallait à un tel homme. Je l'entends se lever de grand matin, appeler sa fille, mettre tout en ordre dans la maison, aidée de mademoiselle Julienne. Mais comme le travail les récompense !

Le contentement intérieur se lit sur leurs lèvres sans cesse souriantes. Pleines d'activité, les dames veillent à l'entretien d'une maison considérable, suffisent à elles deux au jardin, au potager, à la basse-cour, trouvent encore le temps de broder dans la journée, et mademoiselle Julienne se promène quelquefois avec moi sans que la besogne en souffre.

Les deux autres sœurs ne s'occupent pas de l'intérieur. L'aînée, mademoiselle Christine, est une femme aux yeux noirs alanguis qui illuminent parfois une figure maladive. Il lui faut des efforts intérieurs pour sourire. A sa démarche languissante, on dirait une fleur que le jardinier a oublié d'arroser.

Mademoiselle Christine semble envier l'activité de sa sœur Julienne. Elle voudrait aider sa mère, elle ne le peut; elle essaye de sourire, ses lèvres s'y prêtent à regret; elle sent que ceux qui l'entourent ont pitié de son état. C'est un oiseau à qui on a coupé les ailes. La pauvre fille souffre de ne pouvoir étaler les trésors de bonté qui sont en elle; elle se dit que les esprits vulgaires ne comprennent pas la cause de sa langueur, et son abattement en redouble. Pourtant il suffit de l'entendre parler pour la juger. Sa voix douce et touchante renferme toutes les délicatesses d'une âme mélancolique reployée sur elle-même; — mais mademoiselle Christine n'est pas comprise à Longpont. On ne remarque que sa vive piété et la régularité avec laquelle elle accomplit ses devoirs religieux.

Quelle singulière femme que la troisième sœur de Michel! Un cerveau embarbouillé de folles lectures. Je n'avais pas franchi le seuil de la maison que mademoiselle Émelina m'a troublé la tête par mille questions sur Paris, où elle ne voit que drames et romans. Surtout l'intéresse la vie privée des hommes et des femmes célèbres.

Mademoiselle Émelina s'imagine que tout le monde se connaît à Paris, quand Michel et moi appartenons à une zone particulière limitée d'un côté par l'École de médecine, de l'autre par l'École de droit.

Il nous est impossible de parler d'autre chose que de la bibliothèque Sainte-Geneviève, du cabinet de lecture de Bloss, des cours publics et de l'Odéon. Michel et moi n'avons passé les ponts que deux fois cette année, un jour pour aller à l'enterrement du général Lamarque, où nous avons reçu des coups de crosse des gardes municipaux ; un autre jour, pour nous en venger sur le dos des sergents de ville à la représentation de *Pinto*, à la Porte-Saint-Martin. Voilà tout ce que je connais de Paris : aussi m'est-il difficile de répondre aux questions de mademoiselle Émelina.

Avec une volubilité incroyable, elle m'a harcelé de questions sur la célèbre Octavie Chaumont : si j'étais enthousiaste de ses romans, si je la connaissais, si je l'aimais, si elle s'habillait réellement en homme, si elle fumait, si elle était belle, si j'avais lu son dernier livre, *Caressa*, ce que je pensais du style de *Caressa*, etc.

— Ma chère enfant, a dit Michel, nous ne sommes pas fanatiques de la littérature de femmes qui, sauf de rares exceptions, ont autre chose à faire que de se barbouiller les doigts d'encre.

Sans craindre de choquer sa sœur, Michel a malignement ajouté qu'il n'y avait pas de femmes célèbres par l'exercice de la médecine; que l'histoire ne comptait pas non plus de femme illustre par ses travaux de droit, et que la poésie pouvait se passer du culte de jeunes dames évaporées.

— Tu es un homme sans idéal! a répliqué mademoiselle Émelina.

Madame Tourangeau et ses deux filles écoutaient cette discussion sans y prendre part; mais on lisait dans leurs yeux qu'elles n'étaient pas fâchées de voir donner une petite leçon à mademoiselle Émelina. Pourtant j'ai eu pitié d'elle et j'ai ajouté que nos études nous empêchaient de lire des romans, et que le livre intitulé *Caressa* m'était aussi inconnu que son auteur.

— A quoi, messieurs, passez-vous donc votre temps? a demandé ironiquement mademoiselle Émelina.

— Mademoiselle, nous nous levons de grand matin, Michel et moi, et, tout en grignotant un petit pain, nous étudions des livres de droit et de médecine qui vous paraîtraient fort déplaisants. A sept heures, je laisse Michel en compagnie de Delvincourt et de Duranton, et je vais à l'hôpital. Le reste de la journée, j'assiste aux cours, aux examens, je dissèque. A six heures, nous nous retrouvons avec Michel pour prendre un modeste repas. Le soir, nous allons au cabinet de lecture ou à la bibliothèque Sainte-Géneviève, puis nous rentrons mettre nos notes en ordre, et nous nous couchons pour recommencer le lendemain. Voilà notre vie.

— Il nous reste donc peu de temps, a ajouté Michel, pour lire *Caressa*.

— Mais vous ne savez rien de la condition

des femmes! s'est écriée mademoiselle Émelina.

Ici est arrivée naturellement la tirade sur les femmes sacrifiées, les femmes qui ne se marient que grâce à leur dot, victimes dont la célèbre Octavie Chaumont a, paraît-il, chaudement plaidé la cause. Nous n'en aurions pas été quittes à si bon marché si M. Tourangeau ne fût rentré. La discussion a cessé immédiatement.

Les provinciaux ne s'intéressent guère à ces sortes de questions, et de ce côté je suis resté provincial. Depuis le commencement du monde, les hommes se plaignent des femmes, les femmes des hommes. Je ne peux passer à côté de l'étalage d'un bouquiniste de la rue des Grès sans voir des quantités de volumes sur la suprématie de l'homme ou de la femme et je n'en ouvrirai certainement pas un. L'anatomie nous enseigne les réelles fonctions cérébrales de l'homme et de la femme, et les *aspirations des grands cœurs*, que mademoiselle Émelina qualifie d'*éloquentes* ne changeront rien à la nature.

Malgré ses idées romanesques, mademoiselle

Émelina n'en est pas moins une aimable personne. Elle accable son frère de tendresses et a raison de l'aimer, car c'est un esprit distingué, un ami sûr et un homme d'avenir.

Michel m'a fait comprendre les jouissances du travail : ce que je suis devenu, je le lui dois. Quand je partis de Nantes pour étudier la médecine, ma vie dissipée de jeunesse ne plaidait guère pour mon avenir; la Providence me fit rencontrer Michel, et tout d'abord nous avons été attirés l'un vers l'autre. En pénétrant dans son modeste intérieur où respirait le travail, j'y ai puisé du courage, et j'ai eu honte des sacrifices que j'avais imposés à ma famille. Michel et moi, nous nous étions confié notre vie et nos espérances; me sentant faible et irrésolu, Michel m'offrit de partager son logement avec moi. Dès lors, nous n'avons eu qu'une lampe et un foyer, comme tout d'abord nos cœurs s'étaient fondus en un seul.

Nous devions nous séparer cette année, pendant les vacances. Michel a voulu que je l'accompagnasse dans sa famille ; il insistait si cordialement que je ne pouvais refuser. L'air pur de ce riant pays commence à me faire perdre la mine jaune qui est le brevet des savants. Nous étions partis de Paris la figure allongée, les pommettes saillantes, les yeux creux, en hommes qui se nourrissent plus de lectures que de rosbifs. Nous nous remplumons aux dépens des volailles de la basse-cour de madame Tourangeau.

II

Je me convertirai probablement, si je reste quelque temps à Longpont. La grâce m'a presque touché, étant apparue sous les traits touchants de mademoiselle Christine.

Samedi soir, M. Tourangeau n'a pas paru à table; il était allé visiter une propriété à vendre dans les environs. Mademoiselle Émelina a profité de l'absence de son père pour revenir à son thème favori, le rôle que doit jouer la femme dans l'avenir. A l'entendre, la femme aura « des droits superbes, » ainsi que les seigneurs d'opéras-comiques. La femme n'étant plus l'*esclave* de l'homme, les conditions du mariage seront tout à fait changées, et la position des femmes s'élèvera d'autant.

Voyant mademoiselle Émelina en si beau chemin :

— Ne penses-tu pas, ma sœur, que les femmes doivent entrer à la chambre des députés? a dit Michel.

Madame Tourangeau et mademoiselle Julienne souriaient. Mademoiselle Émelina haussait les épaules.

— Si je me marie, a ajouté Michel, je ne désire pourtant pas devenir mère de famille. En suivant jusqu'au bout tes beaux raisonnements sur la liberté de la femme, je me demande qui veillera à l'éducation de l'enfant.

Mademoiselle Émelina frappait du pied.

— Jusqu'à présent, a repris Michel, le gouvernement d'un ménage s'est divisé en deux fonctions : l'homme a le ministère des affaires extérieures, la femme dirige le département de l'intérieur ; mais, puisque vous ne vous contentez plus de ce portefeuille, il faut donc que l'homme, renonçant à son activité au dehors, prenne le rôle de la femme, afin que les enfants ne soient pas sacrifiés.

Pendant un quart d'heure, ç'a été, du côté de la majorité, des folies sans nombre qui accablaient la pauvre mademoiselle Émelina. Nous en faisions un conseiller municipal de Longpont; les dimanches, nous l'envoyions à l'exercice, habillée en garde national; elle était tenue d'éteindre les incendies en qualité de pompier.

— Vous avez trop d'esprit, messieurs, s'est écriée mademoiselle Émelina un peu piquée; on voit que vous arrivez de Paris; mais vous me mettez en jeu bien à tort, je ne veux pas me marier.

— Alors, ma chère enfant, a dit Michel, tu es certaine de n'être pas sacrifiée en ménage.

De nouveau mademoiselle Émelina a recommencé ses diatribes contre les hommes, et si vives qu'elles donneraient à penser qu'elle est inmariable dans le pays. Mademoiselle Émelina aura écarté les jeunes gens de la ville par ses prétentions. On a connaît, on sait quelles singulières idées elle apporterait en ménage ; elle a sans doute chanté ses théories de femme forte sur tous les tons, et les prétendants se seront enfuis, effrayés de ne pouvoir offrir avec leur main les qualités qu'attend d'eux une femme nourrie de lectures sentimentales.

— Et vous, mademoiselle Christine, ne songez-vous pas à vous marier? ai-je demandé à la jeune fille mélancolique.

— Elle est mariée avec l'Église, a répondu d'un ton sarcastique mademoiselle Émelina, pour se venger des sourires de son aînée pendant la discussion.

— Émelina! s'est écrié d'un ton de reproche madame Tourangeau.

— Il est vrai, monsieur Lucien, a répondu mademoiselle Christine, que moi non plus je ne veux pas me marier; mais ne croyez pas que je sois guidée par les mêmes motifs que ma sœur.

Comme elle ne s'expliquait pas, je n'insistai pas davantage; mais mademoiselle Émelina, prenant l'offensive, a accusé sa sœur de dépenser sa vie en pratiques religieuses. Madame Tourangeau est venue au secours de sa fille aînée, et la discussion menaçait de s'aigrir. Mademoiselle Émelina, en vertu de ses principes de femme forte, parlait de la religion en voltairienne avancée, et, quoique mademoiselle Christine parût abattue, ses yeux tout à coup lancèrent des éclairs. Ces natures faibles couvent parfois des sentiments violents. Il a fallu la prudence de madame Tourangeau pour arrêter l'explosion d'une indignation concentrée ; mais rien ne put empêcher mademoiselle Émelina de conter une anecdote qui montre combien les moindres événements prennent, dans une petite ville, d'énormes proportions.

— Il y avait à Longpont un vieil organiste qui depuis longtemps touchait les orgues à l'église. Le vieillard et l'instrument ne faisaient qu'un. Si les habits de l'organiste étaient reprisés et délabrés, on craignait de voir tomber sur la tête des fidèles le buffet des orgues pourri et rongé par les vers ; mais les gens de Longpont n'étaient pas moins fiers de leur organiste qui savait tirer des miracles des jeux encore intacts.

Le vieux musicien avait pour habitude de faire cuire son déjeuner le dimanche dans les orgues, un repas qui consistait en un morceau de boudin. Jamais il ne manqua, à dix heures précises, d'allumer son charbon et d'y faire griller du boudin. C'était un régal favori qui semblait l'inspirer pour la mélodie joyeuse au son de laquelle les fidèles sortent de l'église, emportant comme un rayonnement de la solennité à laquelle ils viennent d'assister.

Cette cuisine durait depuis si longtemps qu'on n'en parlait plus. Il fallut un événement pour réveiller l'histoire et faire de l'organiste le héros d'une légende touchante.

L'ancien desservant vint à mourir : à sa place fut nommé un jeune curé, l'abbé Rose, homme plein de zèle, qui donna du mouvement à l'église, se remua et fit tant, qu'une allocation fut allouée par le conseil général pour la restauration de la cathédrale. Architectes, maçons, tailleurs de pierres se mirent à la besogne, et le vieil organiste ne se tint pas de joie quand il apprit qu'un bel instrument nouveau s'exécutait à Paris pour le compte de la fabrique.

Le bonhomme en rajeunissait; jusqu'alors il s'était senti gêné, ne pouvant donner de développement à son inspiration sur un mauvais clavier. Il était question d'une inauguration splendide et le vieil organiste s'attendait à recueillir les témoignages d'enthousiasme de ses concitoyens.

Un matin, l'abbé Rose manda le musicien au presbytère. L'homme fit sa plus belle toilette.

— Vous serez sans doute augmenté, lui avaient dit ses voisins.

Ce fut d'un pas léger que le vieillard traversa la ville.

— Monsieur, lui dit sèchement le curé, depuis longtemps vous scandalisez les fidèles.

L'organiste, hébété, regardait le prêtre, qui, ayant rompu la glace, déclara qu'une réfection impie ne pouvait être tolérée dans le temple du Seigneur, et, quoi que dit le bonhomme, qui offrait de renoncer à sa grillade des dimanches, l'abbé Rose lui annonça qu'un jeune organiste était nécessaire pour un instrument moderne, et que la fabrique avait assez longtemps souffert de scandaleuses cuisines pour que le bonhomme comprît que toute justification était impossible.

— Cette destitution amena une vive agitation dans la ville, dit mademoiselle Émelina, et, quelque temps après, le pauvre organiste en mourait de chagrin.

C'était une attaque imprévue lancée contre mademoiselle Christine, qui, tout en plaignant le vieux musicien, ne pouvait prendre parti contre son confesseur, l'abbé Rose; cependant elle dit qu'il était difficile d'admettre cette singulière manie de carbonnade au moment où l'encens, brûlant au pied de l'autel, détournait les fidèles de toute idée profane.

— Un organiste ne fait pas plus partie de l'église, reprit mademoiselle Émelina, qu'un chanteur de l'Opéra payé par la fabrique.

Elle ajouta que derrière les orgues était un

galetas abandonné où le musicien faisait griller sa cuisine, dont l'odeur s'échappait par des fenêtres sans vitres, que jamais personne ne s'en était plaint, et qu'au contraire les habitants de Longpont s'étaient prononcés contre le curé à propos de cette cruelle et brutale destitution.

J'évitai de prendre part à la discussion, car je voyais combien en souffrait mademoiselle Christine, qui, plus d'une fois, leva vers moi ses grands yeux noirs comme pour me prier de ne pas l'accabler; mais Michel ne put s'empêcher de dire de certaines vérités à ses deux sœurs. Parti de Paris, fatigué par des travaux excessifs, il espérait trouver le calme dans sa famille, et ces petites batailles à coups d'épingles, qui se renouvellent sans cesse, 'agacent. Avec sa franchise picarde, il a qualifié sévèrement les aspirations romanesques de sa sœur; mais, quoique plein d'indulgence pour mademoiselle Christine, il a pris parti pour le vieil organiste qui lui donnait des leçons dans son enfance, et il a condamné nettement la conduite du curé.

Madame Tourangeau et mademoiselle Julienne,

loin de se mêler à ces engagements, paraissent ne prendre part ni pour ni contre les deux sœurs. Aussitôt qu'un orage s'amoncelle, les dames coupent la conversation par un mot, se lèvent de table et desservent. Mais combien un étranger est embarrassé au milieu de ces guerres intérieures! Je crains qu'un simple regard ne soit pris pour une approbation. Je combats en riant les principes de mademoiselle Émelina, et, sans partager les sentiments religieux de mademoiselle Christine, je suis quelquefois tenté de lui donner raison contre sa sœur.

Mademoiselle Christine a deviné mes sympathies pour elle.

— Monsieur Lucien, nous ferez-vous l'amitié de nous accompagner demain à l'église? m'a-t-elle demandé.

— Si vous le désirez, mademoiselle, ai-je répondu.

Un mécréant ne devrait pas être récompensé par un sourire angélique tel que celui dont m'a gratifié mademoiselle Christine.

— Ah! monsieur Lucien, je ne vous aurais pas cru capable d'un tel dévouement! s'est écriée d'un ton railleur mademoiselle Émelina.

— Je suis tout au service de ces dames et partout où elles me permettront de les accompagner, je serai trop payé de me trouver en leur société.

— Il faudra donner à monsieur un Paroissien, un gros, celui-ci, a dit malicieusement mademoiselle Émelina en tirant un énorme volume d'un meuble où sont rangés divers livres de piété.

Mais j'étais trop heureux de souscrire aux désirs de mademoiselle Christine pour répondre.

Pourquoi ne pas faire plaisir à mademoiselle Christine ? Elle a ses croyances, je les respecte et rien ne me fera les troubler si elles ne me troublent pas. Ah! si mademoiselle Christine était une de ces fanatiques que la dévotion rend acariâtres, si elle me fatiguait de ses sermons ! Mais elle évite d'aborder les questions religieuses, et quand mademoiselle Émelina ne l'excite pas par sa verve moqueuse, les deux sœurs vivent en paix.

Le lendemain, nous sommes allés à l'église en compagnie de madame Tourangeau et de ses filles.

— Je ne vais pas à la messe, avait déclaré la veille mademoiselle Émelina.

Aussi ai-je été surpris le dimanche de la voir habillée la première ; et elle s'est arrangée de telle sorte qu'il a fallu que je lui offrisse mon bras.

Nous sommes arrivés à l'église, rencontrant par les rues toutes sortes de gens qui nous regardaient des pieds à la tête. En qualité de *Parisiens*, nou devenons, Michel et moi, de véritables curiosités pour la ville de Longpont ; il paraît que des étudiants allant à la messe dépassent les bornes de l'étrangeté.

Notre entrée dans la cathédrale a produit un effet marqué. En traversant la nef pour nous rendre au banc de la famille Tourangeau, j'ai surpris plus d'un regard cloué en apparence sur le livre de prières, se couler de côté pour étudier notre petit groupe. Les femmes de province sont assidues aux exercices religieux ; mais pour combien de part entre la curiosité dans cette assiduité !

Arrivés à Longpont depuis huit jours, la visite de la ville ne nous a guère pris plus d'une heure. Nous sommes allés parcourir les environs. M. Tourangeau nous a montré ses maisons ; cela a été l'affaire d'une demi-journée. Nous avons rendu visite à quelques parents de Michel, qui, de l'avis de madame Tourangeau elle-même, sont les plus ennuyeux personnages de la ville. Autre demi-journée. Une vieille tante nous a invités à dîner, et, le lendemain, il a fallu rester sept heures à table chez un cousin fermier, qui pensait nous faire fête par la longueur de son repas.

Voilà le cercle dans lequel nous tournons depuis une huitaine : l'esprit y a peu de part. Il m'a été impossible de me mêler aux conversations qui se sont tenues pendant ces visites. Michel peut parler du passé et paraître s'intéresser aux embellissements de la ville ainsi qu'aux chemins vicinaux projetés ; mais je fais une singulière figure dans ces diverses sociétés, et malgré mes efforts pour prendre le *la* de Longpont, je ne peux pas me mettre d'accord.

La messe est donc une grave affaire pour ces bourgeois désœuvrés. N'est-ce pas un jour gagné dans la semaine que les allées et venues à l'église ? Pour petites et minces que soient les observations qu'on y recueille, dans la vie de petite ville elles prennent la couleur de grands événements.

Mais mademoiselle Christine est convaincue ; ce n'est pas la curiosité qui la conduit à la messe. Je la regardais ; elle ne s'est pas détournée pour regarder les toilettes de ses voisines. La prière doit être une vive consolation pour elle et répandre un baume dans son âme meurtrie. Quand elle s'agenouille, son corps s'affaisse tout entier ; il semble qu'elle ne saurait assez s'humilier devant Dieu. A l'Élévation, un regard a illuminé sa physionomie et l'a transfigurée. La pâleur mate de sa figure appelle l'attention vers des paupières rougies légèrement qui font penser à la figure extatique de Madeleine aux pieds du Christ.

Mademoiselle Christine quitte la terre pour

s'élancer à la poursuite d'un idéal séraphique ; son âme, dédaignant les matérialités de la vie, s'enfuit à tire-d'aile vers des mondes angéliques qu'il nous est refusé de connaître.

Qu'elle était belle ainsi! Les joies de son cœur débordaient et animaient son regard. A côté d'elle, mademoiselle Émelina, d'une physionomie ironique, mentalement raillait l'état heureux où se trouvait sa sœur.

La religion catholique est une grande religion, car elle offre un port assuré aux malheureux et aux faibles.

A la sortie de l'église, mademoiselle Christine avait conservé un tel rayonnement, que je ne voulus pas lui parler pour ne pas détruire le charme. Elle était consolée et rafraîchie!

III

Notre arrivée à l'église a fait sensation, car le soir nous avons trouvé une invitation du sous-préfet à notre adresse. Quel honneur pour deux simples étudiants! Dîner à la sous-préfecture! Nous devons cette faveur aux sœurs de Michel. Quoique mademoiselle Christine s'en défende, elle a parlé de nous avec enthousiasme à l'abbé Rose. Le curé, qui nous a remarqués à la messe, aura informé le sous-préfet que deux jeunes gens *bien pensants* se trouvaient dans la ville. Et voilà comme on fait son chemin dans le monde!

Mademoiselle Émelina, reçue à la sous-préfecture en qualité de femme supérieure, n'est pas étrangère non plus à cette invitation ; mais nous ne rencontrerons qu'elle de la famille Tourangeau.

Mademoiselle Julienne, qui n'a ni la dévotion exaltée de son aînée ni les tendances romanesques de sa cadette, m'a dit à ce propos un mot qui m'a fort étonné :

— Vous verrez, monsieur Lucien, les vingt-quatre amoureuses du sous-préfet.

Vingt-quatre amoureuses pour un sous-préfet ! Quel sultan ! Sans doute mademoiselle Julienne a voulu me railler ; et cette malice m'a étonné de la part d'une femme si peu médisante. Alors seulement je l'ai regardée attentivement. C'est la seule personne de la famille qui, avec sa mère, porte le calme et la santé épanouis sur la figure ; et je prenais plus de plaisir à la voir que si j'avais découvert une mine d'or. Mademoiselle Julienne a reçu de la nature la plus précieuse des facultés, celle d'être toujours satisfaite, de travailler avec joie et d'écouter les autres sans chercher à briller.

Je l'ai un peu pressée sur ce chiffre considérable d'amoureuses aux pieds d'un seul sous-préfet ; mais elle n'a rien rabattu de son nombre de vingt-quatre, et j'en ai rêvé toute la nuit. Par instant, je devenais le sous-préfet lui-même, et je me voyais plein de solennité, en habit brodé, au milieu d'une ronde fantastique dansée par les willis de Longpont. Heureux sous-préfet! Malheureuses amoureuses! Je brûlais de demander quelques détails à mademoiselle Émelina qui, en sa qualité « d'observateur du cœur humain, » pourrait m'initier à ces mystères, mais mademoiselle Julienne me recommanda de n'en point parler à sa sœur.

— Mademoiselle Émelina fait-elle partie des vingt-quatre amoureuses? ai-je dit à mademoiselle Julienne qui là-dessus m'a quitté avec un franc rire.

Enfin le lendemain nous sommes entrés, Michel et moi, dans cette préfecture pleine de troubles, où nous avons été reçus par un singe de quarante ans, le buste serré dans un habit noir, la physionomie verte, des besicles d'or sur le nez et un crâne fuyant, dont les cheveux ont été prématurément dévorés par les travaux administratifs. Les dames de Longpont n'ont pas bon goût. Peut-être le titre qu'on leur donne manque-t-il d'exactitude ou faudrait-il dire les vingt-quatre amoureuses de la sous-préfecture.

Le plus important fonctionnaire de Longpont est petit, mais plein de dignité. Deux choses très-longues sont à remarquer dans sa personne : sa lèvre supérieure et ses talons de bottes. Sa cravate blanche est extrême d'officiel : large, roide, empesée, et semblant contenir du zinc dans ses plis majestueux, elle rejette fortement la tête en arrière, et donne à l'homme une importance grotesque.

Autour du sous-préfet se tenaient le juge de paix, le lieutenant de gendarmerie, le percepteur, un notaire, deux avoués, l'abbé Rose et quelques vieillards appartenant à la noblesse de Longpont.

Ça été d'abord une conversation pleine de solennité, et si ennuyeusement officielle, que j'en ai profité pour jeter un coup d'œil sur les assistants.

L'abbé Rose est un homme de trente ans, soigneux de sa personne, bien nourri, le sourire sur les lèvres, la figure vernie comme les souliers. Sa parole n'est qu'un compliment, et chacun de ses mots est enveloppé dans une formule délicate, comme un bonbon de dessert enveloppé dans du papier doré.

A droite de l'abbé Rose est assis M. de Fondragon, chevalier de Saint-Louis, qui, avec M. de Précorbin représente l'aristocratie de Longpont. Le sous-préfet est tout miel pour eux, et les Précorbin et les Fondragon, quoique attachés à l'ancien ordre de choses, recueillent le plus pur de ses hommages. Ces vieillards mangent beaucoup et parlent peu, craignant sans doute de se répandre en récriminations contre la cour citoyenne.

Michel a été placé à côté de l'avoué Maigret, un personnage à l'œil perçant et au nez allongé qui semble flairer les procès à six lieues à la ronde. L'avoué Maigret fait penser à un renard : il en a le museau.

Les autres convives sont insignifiants, le manque de culture de l'intelligence n'ayant laissé place qu'aux appétits matériels ; mais la figure du lieutenant de gendarmerie Vasterlingue est curieuse. Dans cette ménagerie, il représente le dogue. Son collier est un col en cuir si roide qu'il fait surplomber du côté de la nuque un rouleau de chairs rouges et animales. Le nez est court, relevé, et je n'oserais affirmer qu'il ne soit pas fendu entre les narines, car de rudes moustaches taillées en brosse en cachent les détails.

Je ne voudrais pas voir le lieutenant Vasterlingue à la tête d'une escouade de gardes municipaux quand nous sifflons une pièce au parterre de l'Odéon. Un moment, le lieutenant de gendarmerie m'a regardé de son œil vitreux : peut-être après le repas va-t-il me demander mon passe-port.

Après le repas sont entrées les femmes des personnages considérables avec lesquels nous avions eu l'honneur de dîner. Mesdames de Fondragon et de Précorbin, accompagnées, l'une d'une grande fille, l'autre de deux nièces ; avec la femme du juge de paix, j'ai fait connaissance des demoiselles Ronce, renommées dans la ville de Longpont par leur conduite exemplaire et le développement qu'elles ont donné à la société religieuse du *Cordon*.

L'abbé Rose, qui est allé au-devant d'elles, les appelle « ses chères filles. »

Les demoiselle Ronce sont d'un aspect revêche. Si mon rêve de sous-préfet se continue cette nuit, je prierai Morphée d'éloigner de moi la physionomie des demoiselles Ronce.

La femme du lieutenant de gendarmerie donnait le bras à mademoiselle Émelina. Je suis allé m'asseoir auprès d'elle. Si la sœur de Michel convoite la sous-préfecture, elle le dissimule prudemment. Le sous-préfet lui a baisé la main en entrant et tous les hommes s'empressaient autour d'elle, jusqu'au dogue Vasterlingue lui-même.

En sa qualité d'esprit poétique, mademoiselle Émelina joue un rôle dans le salon : chacun l'entoure d'hommages et semble vouloir faire oublier le cap de Longpont à cette Corinne de département. L'abbé Rose, quoique la brebis fuie son troupeau, s'est montré un des plus empressés à complimenter la sœur de Michel, espérant sans doute la ramener au bercail.

Je ne vois d'aspirantes à la sous-préfecture que

mademoiselle de Fondragon, les deux nièces de madame de Précorbin, la belle-sœur de madame Maigret et mademoiselle Émelina.

— Ce ne sont pas là toutes les dames de la ville ? lui ai-je demandé.

— Les grandes soirées n'ont lieu que l'hiver, a répondu mademoiselle Émelina ; mais vous ne verrez pas ces dames qui sont à la campagne, et il faudra vous contenter de notre simple présence.

Pour tâter le terrain :

— Votre sous-préfet, ai-je dit, est véritablement un homme d'élégantes manières...

Mademoiselle Émelina me regardait.

— Bien pris de sa personne.

J'essayais de garder mon sérieux ; mais mademoiselle Émelina a éclaté de rire d'une façon impertinente pour le sous-préfet, qui justement traversait le salon, marchant non pas de face, mais de trois quarts, la tête en arrière, le crâne au vent, la main gauche dans l'ouverture de son gilet, le coude à angle droit de la poitrine, forçant par cette attitude majestueuse ceux qui lui parlent à se tenir à une certaine distance.

Au dîner, le notaire avait bien voulu me confier que c'était « le plus intelligent administrateur qu'on ait vu dans le pays; » mais il faudrait noter en plain-chant le mot *ad-mi-nis-tra-teur*, battre une demi-mesure entre chaque syllabe, pour faire comprendre ce que ce titre comporte de suprême considération. Les provinciaux ont une façon particulière de prononcer certains mots qui, tout de suite, revêtent une couleur solennelle qu'on ne soupçonnait pas.

Sans le violent éclat de rire de mademoiselle Emelina, je serais peut-être tombé sous le charme, et peu à peu l'enveloppe matérielle du sous-préfet se dissipant, aurait fait place à un mirage dont sont victimes les demoiselles à marier de Longpont. Voilà un singe mal bâti, portant des lunettes d'or mais qu'il est beau dans ses fonctions, commandant au dogue Vasterlingue, salué jusqu'à terre par des employés qui copient dans de gros registres à dos verts les moindres phrases qu'il laisse tomber de sa bouche! Le gouvernement, en l'appelant à un poste éminent, ne lui a-t-il pas donné une épée, un habit brodé, un chapeau à cornes et une auréole?

Le sous-préfet a conscience de son auréole. Toute la soirée il s'est promené de long en large dans le salon comme un homme plein de projets, qui se délasse de ses travaux par une activité incessante. Les sourires pleuvent de toute part : sourires de mères, sourires de tantes, sourires de demoiselles à marier. A chaque tour de salon, « l'administrateur intelligent » recueille une gamme de sourires à faire pâmer un mortel vulgaire.

Mademoiselle Émelina ne me paraît pas follement éprise du sous-préfet et sauf quelques coups d'œil lancés de son côté, elle s'est entièrement dévouée à moi pendant la soirée, et m'a fait les honneurs du salon. Mais quelle rage de Paris s'est emparée de la sœur de Michel! Elle entrevoit Paris sous un jour absolument fantastique. Paris « le paradis des femmes » trouble les cervelles des eunes filles. Paris n'est pas une ville où chacun succombe sous les affaires. Les femmes de province voient Paris à travers les *Mille et une Nuits*. Elles prononcent Bagdad : Paris. Tous les trésors du monde y sont entassés; mademoiselle Émelina s'imagine qu'il n'y a qu'à se baisser pour ramasser des émeraudes, des rubis, des perles et des pierres précieuses, et le *Sésame* qui donne entrée dans cette contrée merveilleuse est le *oui* conjugal prononcé devant le maire.

Quels avantages possède sur un riche provincial un Parisien pauvre qui demande la main d'une jeune fille! Le Parisien, n'eût-il ni fortune, ni position, ni intelligence, qu'il l'emporterait sur un honnête provincial riche et d'une humeur facile. Le Parisien apporte en dot Paris. Dans la corbeille de la future, il ne met ni cachemires, ni dentelles, ni diamants; il met Paris.

Pendant la soirée, certains coups d'œil aimables de madame de Fondragon, à mon adresse, semblaient me dire : Ne viendrez-vous pas faire la cour à mes demoiselles, monsieur le Parisien?

—C'est une petite minorité, disais-je à mademoiselle Émelina, que les femmes qu'on rencontre aux Italiens, au bois, aux courses; les femmes de la classe moyenne mènent à Paris une existence moins heureuse qu'en province.

Mademoiselle Émelina a poussé une exclamation.

— On travaille plus à Paris qu'à Longpont; on y a plus d'inquiétudes. Coudoyant à tout instant le luxe, les femmes d'une condition médiocre ont des désirs qu'elles ne peuvent satisfaire, et...

— Le beau sermon! s'est écriée mademoiselle Émelina. Nous parlerons de cela plus tard... voici un divertissement que vous offre le curé.

En ce moment les dames, fatiguées de causer entre elles, entouraient l'abbé Rose.

— Mesdames, dit le curé en donnant à sa bouche la forme d'un cœur, si vous le permettez, j'essayerai de faire à chacune de vous un joli compliment.

Un murmure flatteur a parcouru l'assemblée et toutes les figures ont souri de contentement.

— Il ne s'agit, a continué l'abbé Rose, que de me

donner deux mots au hasard, les plus opposés. Le premier mot commencera le compliment, et je m'engage à le terminer par le dernier mot.

Un frémissement d'enthousiasme se communiquait de groupe en groupe.

— Que monsieur le curé est aimable ! s'écriaient les dames.

— Madame de Précorbin, a dit l'abbé Rose, aurait-elle la complaisance de vouloir bien me communiquer deux mots ?

— Vraiment... je ne sais, balbutiait la vieille dame en minaudant.

— Deux mots à votre choix, madame, je vous prie.

Madame de Précorbin s'est tournée vers madame de Fondragon, et longtemps les deux dames se sont concertées en battant de la paupière. L'assemblée était dans l'attente ; enfin nous avons obtenu les mots : *Désir* et *attention*.

Aussitôt l'abbé Rose a dit en appuyant sur les mots désignés :

— Désir *de plaire est un lot que gagne à tout ins-*

tant madame de Précorbin. Qui ne voudrait passer sa vie auprès d'une femme distinguée qui enlève tous les cœurs? Mais l'homme qui veut prendre garde à son repos doit y faire ATTENTION.

— Oh!... a fait madame de Précorbin d'un ton de tourterelle pâmée, tandis que les invités approuvaient de la tête pour montrer que l'abbé Rose avait touché juste.

Madame de Fondragon a donné les mots : *Espérance* et *repentir*, et le curé a répondu spontanément :

— ESPÉRANCE *de vous servir, madame, ne me conduira jamais au* REPENTIR.

La concision de la réponse a été surtout admirée ; aussi les dames se concertent-elles pour chercher des mots singuliers, afin d'embarrasser leur pasteur.

Quelle autre que mademoiselle Émelina eût pu choisir les mots : *Idéal* et *aspiration*.

— IDÉALE, *vous l'êtes, mademoiselle*, a dit l'abbé Rose; *votre belle imagination se complaît dans les rêveries hors du commun; mais pourquoi ne pas répondre à de plus religieuses* ASPIRATIONS?

Les sourires des dames et les marques d'assentiment donnés à cette réponse montrent que, sous couleur de compliment, M. le curé a enveloppé le reproche de ne pas voir plus souvent à sa paroisse mademoiselle Émelina.

Chacune des dames ayant eu sa part de compliments, elles ont exigé que le curé en fît aux hommes ; mais les honneurs de la soirée ont été pour le lieutenant Vasterlingue qui a cru troubler l'abbé en lui donnant deux mots saugrenus entre lesquels devait se dévider un « joli » compliment militaire.

Buffleteries et *giberne* étaient les mots sortis de l'imagination du lieutenant de gendarmerie.

Les dames ont poussé un : Ah ! de dédain.

— T', t', t', t', t', faisait de la langue le sous-préfet, en lançant un regard de reproche au dogue pour le choix prosaïque de ses mots.

L'abbé Rose souriait toujours.

— BUFFLETERIES, a-t-il dit, *sont les emblèmes particuliers d'un corps honorable, dévoué à la sûreté d'honnêtes citoyens... et qui, dans l'exercice de ses devoirs...*

Ici le curé, embarqué dans une phrase sans fin, a paru embarrassé, et il a répété :

— *Qui, dans l'exercice de ses devoirs sans cesse en éveil... fier de la tranquillité de la cité qu'il protége... s'inquiète à peine d'une légitime récompense...*

L'auditoire était haletant, le curé semblait avoir accepté une besogne au-dessus de ses forces ; mais bravement il continua :

— *Court à des dangers obscurs, empêche la société de tomber au pouvoir de misérables...*

— Très-bien ! s'est écrié le sous-préfet, venant au secours de l'abbé Rose, qui paraissait se noyer et s'accrocher à la première phrase incidente qui lui venait à la pensée.

— *Veille nuit et jour pendant le sommeil des habitants...*

Le curé se grattait l'oreille.

— L'abbé Rose n'en sortira pas, me disait mademoiselle Émelina.

Je partageais les angoisses de la société. L'abbé Rose souffrait et devenait rouge comme une pivoine. Son front se perlait de sueur. Le pauvre improvisateur ne pouvait enchâsser triomphalement dans une belle période finale le mot de *giberne*, dont se repentait actuellement le lieutenant Vasterlingue, car il pensait quel ennemi puissant il s'était créé maladroitement si le curé ne parvenait pas à rattacher la *giberne* aux *buffleteries*.

Le sous-préfet fronçait le sourcil ; les dames qui s'étaient préparées à acclamer un glorieux dénoûment, baissaient la tête, désespérant du succès de leur malheureux pasteur. Un affaissement s'était-il produit tout à coup dans l'intelligence créatrice de l'abbé Rose ?

Tout à coup, se cramponnant aux différentes parties des vêtements de la gendarmerie, l'abbé parla des *bottes fortes*, et chacun sentit quels efforts désespérés faisait l'orateur pour atteindre la *giberne* ; mais chaque incident nouveau l'en éloignait. Quand le curé parla de *cartouches*, l'auditoire frémit autant que si l'improvisateur eût déposé une bougie sur un tonneau de poudre.

— M. le curé brûle, me souffla mademoiselle Émelina.

Mais l'opinion des auditeurs se prononçait. Pourquoi avoir donné à l'abbé Rose de ces termes de caserne dont il n'a pas l'habitude, quand il manie avec tant de dextérité des mots doux, honnêtes, polis et tendres ?

— Voudriez-vous prendre un verre d'eau sucrée ? demanda Madame de Fondragon à l'abbé Rose.

De la main, il fit signe que le courage ne l'avait pas encore abandonné. En effet, un changement subit s'opéra sur sa physionomie : ses yeux brillèrent, sa bouche forma un cœur parfait, et fier, convaincu et convainquant, l'abbé Rose, reprenant une à une toutes ses périodes, s'écria d'un trait :

— BUFFLETERIES *sont les emblèmes particuliers d'un corps honorable, dévoué à la sûreté d'honnêtes citoyens, qui, dans l'exercice de ses devoirs, sans cesse en éveil, fier de la tranquillité de la cité, s'inquiète à peine d'une égitime récompense, court à des dangers obscurs, empêche la société de tomber au pouvoir de misérables, veille nuit et jour pendant le sommeil des habitants, use de nombreuses bottes fortes pour la répression des cri-*

mes, *ne craint pas de fatiguer de valeureux coursiers, brûle des cartouches pour la paix générale, et, malgré tout, trouve rarement un bâton de maréchal dans sa* GIBERNE.

Indescriptible l'émotion produite par ce dénouement inattendu ! Le dogue Vasterlingue en a aboyé de contentement. Les dames se sont levées, ont entouré leur pasteur et l'auraient embrassé volontiers. Le sous-préfet a témoigné au curé sa vive satisfaction de l'art prodigieux avec lequel il avait lutté contre deux mots si difficiles.

Alors seulement l'abbé Rose accepta un des nombreux rafraîchissements que les dames empressées lui apportaient. Le curé ne demandait qu'à continuer ; mais l'assemblée s'y est opposée et le sous-préfet a insisté pour que l'abbé se reposât dans le meilleur des fauteuils autour duquel les dames ont fait cercle, lançant mille compliments sur cette victoire inespérée. Mais que d'enthousiasme a suscité l'abbé pendant le reste de la soirée !

— La belle improvisation ! s'écriaient les dames.

— Merveilleux talent ! répondaient les hommes.

— Quelle difficulté !

— La gendarmerie, monsieur l'abbé, vous doit un tribut de reconnaissance, a dit gravement le sous-préfet.

— Il faut que le journal de Longpont en parle, répétait-on de toutes parts.

Et chacun regardait avec des yeux suppliants mademoiselle Émelina, qui semblait faire un léger signe d'adhésion.

L'abbé Rose souriait, saluait, faisait signe aux complimenteurs de s'arrêter, mais n'y parvenait pas.

Enfin l'enthousiasme s'est refroidi et les invités s'en sont allé, ravis d'avoir assisté à une de ces fêtes de l'intelligence dont les occasions sont trop rares.

IV

Naturellement, on a parlé au déjeuner de la soirée du sous-préfet. Les femmes qui ne vont pas dans le monde semblent d'autant plus curieuses de ce qui s'y passe; par une sorte d'imagination qui leur est propre, le récit d'une soirée fait qu'elles y ont presque assisté. Elles *voient* les toilettes, elles *entendent* la musique, et quand elles parlent de ces fêtes, elles apportent presque autant de réalité dans la narration que si elles y avaient assisté.

Madame Tourangeau et mademoiselle Julienne disent : « Nous avons eu l'an passé un très-beau bal chez le receveur particulier, » comme si elles étaient restées jusqu'au cotillon ; mais, plus préoccupées des soins du ménage que de divertissements, elles n'ont aucun regret d'avoir manqué à ces fêtes, auxquelles leur fortune médiocre et leurs travaux les empêchent d'assister. Elles en parlent en femmes détachées des plaisirs du monde, qui ne trouvent de joies que dans l'accomplissement des devoirs domestiques. Mais quelques nuances changent la façon de voir des trois sœurs. Mademoiselle Christine écoute ces propos d'un air mélancolique, semble plaindre les femmes qui dépensent leur santé dans ces fêtes, et peut-être les accuse-t-elle en secret de se lancer dans des plaisirs trop mondains.

Seule mademoiselle Émelina fréquente le monde de Longpont, mais en ennemie. Il faut l'entendre mettre à sac les dames de la ville ; elle n'en laisse pas une pièce, et si à la fin de ses sarcastiques réquisitoires, on emportait les ridicules, les petites passions et les vices qui restent sur le carreau, il faudrait une charrette. A l'étroit dans cette petite ville, mademoiselle Émelina n'a pas usé ses aspirations à la meule de la vie bourgeoise. C'est une impétuosité. Certains jours elle me paraît jolie. Elle est certainement la plus piquante des sœurs de Michel, car elle a des façons de s'habiller imprévues qui, sans l'afficher, dénotent un esprit indépendant. Il y a un peu de l'homme dans cette singulière personne ; aussi n'aime-t-elle que la société des hommes, dont sans doute elle ambitionne les priviléges. Pour la résumer, mademoiselle Émelina spirituelle et taquine à ses heures, n'attache pas ombre de méchanceté à ses paroles et il n'y aurait pas de luttes à l'intérieur, si son caractère pouvait cadrer avec celui de son aînée.

— Eh bien, monsieur Lucien, m'a demandé mademoiselle Christine, que pensez-vous de l'abbé Rose ?

— Son improvisation, mademoiselle, m'a fortement intéressé et surtout la peine que lui causait la terrible question du lieutenant de gendarmerie.

— Ah ! s'est écriée, non sans satisfaction, mademoiselle Christine, heureuse de mon témoignage.

— Je vous croyais plus fort pour un Parisien, a dit mademoiselle Émelina.

J'ai feint de ne pas remarquer cette agression; mais mademoiselle Émelina a continué :

— Vous avez remarqué combien l'abbé Rose a fait d'efforts pour arriver à la fin de son discours, car c'était un véritable discours?

— Oui, mademoiselle, et je souffrais même pour ce pauvre curé.

— C'est une ruse.

— Quelle calomnie! s'est écriée mademoiselle Christine.

— Demandez à mon frère? a repris mademoiselle Émelina.

Michel ne répondait pas.

— Te rappelles-tu, Michel, que l'an passé l'abbé a joué la même comédie?

— Je n'y ai point fait attention.

— Toutes les fois qu'un étranger arrive, a continué la terrible mademoiselle Émelina, le curé recommence son jeu, et vous avez été, monsieur Lucien, victime de ses comédies. L'abbé Rose s'entendait avec le lieutenant Vasterlingue.

— N'en croyez rien, monsieur Lucien, disait mademoiselle Christine.

— Qu'importe, mademoiselle ? L'abbé Rose est un habile homme, car j'ai écouté naïvement ses compliments.

Quelle prudence ai-je ainsi dépensée depuis mon arrivée pour ne pas me mettre en état d'hostilité permanente avec des femmes de caractères si différents ! A tout propos, les deux sœurs m'appellent comme arbitre dans leurs querelles ; mais je me suis réglé sur la conduite de M. Tourangeau, peu soucieux des idées de ses filles. Quand il est présent, un silence absolu de la part des demoiselles règne à table, non pas que le père de Michel soit un tyran domestique, mais il aura fait savoir que les tendances religieuses de mademoiselle Christine le fatiguaient autant que les idées romanesques de mademoiselle Émelina.

M. Tourangeau parle avec un sourire railleur de la femme en général ; cependant Michel me dit que son père a confiance dans l'esprit droit de madame Tourangeau, qu'il l'entretient de ses projets, la consulte au besoin et n'en fait pourtant qu'à sa tête.

Caractère singulier que celui du chef de cette famille : ferme, loyal, bon et ouvert ; mais sa façon de vivre est bizarre. Il se lève, sort, revient pour déjeuner seul, sort encore, ne reparaît qu'au dîner, va faire un tour au café, et rentre se coucher de bonne heure. Ce qui se fait et se dit à l'intérieur ne semble guère l'intéresser, quoiqu'il aime sa femme et ses enfants ; mais c'est un cerveau sans cesse en travail qui a besoin de grandes fatigues de corps pour rester équilibré, et jamais il ne prend part aux propos de « *ses femmes.* » On cause avec lui, on croit qu'il écoute ; tout à coup il rompt brusquement la conversation par une exclamation inattendue qui a trait à ses propres affaires. Rarement il entre dans les idées d'autrui ; seules le préoccupent des combinaisons intérieures dont on saisit les traces sur sa physionomie mobile.

La famille s'est pliée à ces caprices, et les dames vivent indépendantes au dedans, pendant que le père s'agite au dehors. Aussi la plus grande liberté règne de part et d'autre, et les demoiselles ont été élevées par leur mère, qui n'a pu empêcher la nature de les entraîner dans des sentiers si divers.

Au contraire de ses sœurs, Michel a deux qualités solidement équilibrées, quoique opposées. Son père lui a transmis son imagination, sa mère sa rectitude d'esprit. Nature impressionnable et calme à la fois, Michel doit à sa mère la droiture et la volonté si nécessaires dans ses études de droit; mais la flamme de son père a passé en lui et nul doute que Michel ne devienne un jour un orateur éloquent. Il parlera pour les autres, le père parle pour lui-même.

Séparé de la chambre à coucher de M. Tourangeau par une simple cloison, je l'entends tenir des discours en se déshabillant, quand un autre serait fatigué d'avoir discuté tout le jour avec les architectes et les maçons. M. Tourangeau se lève de grand matin, et déjà il parle. Son esprit s'agite tellement qu'il force les idées qui bouillonnent en lui de se frayer un chemin par le gosier. En huit jours j'ai plus appris à connaître Michel que pendant notre amitié de deux ans. M. Tourangeau est le miroir grossissant dans lequel je regarde maintenant mon ami. Jadis je prêtais peu d'attention aux monologues de Michel, quand nous nous promenions ensemble ; souvent il me tenait des discours que je croyais adressés à moi et qui n'étaient que des lambeaux d'idées relatives à ses travaux. Michel souriait de ses distractions comme de ses conversations nocturnes, dont il n'a pas conscience et que je lui répétais le lendemain.

Singulière chose que le cerveau ! Un peu de bouillie dans laquelle germent et s'agitent le jour nos idées, qui vont s'affaiblissant la nuit comme les derniers bonds d'une balle de gomme ; mais la balle de gomme est sans cesse en mouvement dans la plupart des têtes de la famille Tourangeau.

Je me plais au milieu de cette excellente famille, et pourtant bientôt, quoiqu'elles cherchent à nous retenir encore quelque temps, il faudra quitter les demoiselles Tourangeau, ne plus revoir la riante basse-cour treillagée où tous les matins, de ma fenêtre, je regardais mademoiselle Julienne donner à manger à ses chèvres.

La mansarde de la rue Saint-Jacques nous rappelle; mais il m'en coûtera d'abandonner le jardin dans lequel je me promenais solitairement sous les charmilles, rencontrant quelquefois au détour d'une allée mademoiselle Émelina un livre à la main, ou mademoiselle Christine en méditation. Tous ces doux souvenirs sont accrochés à mon esprit, et j'emporte à Paris, fixés dans mon cerveau, les portraits des trois sœurs.

V

Combien j'ai travaillé cet hiver ! Les vacances de Longpont m'ont donné un courage et une force que je ne me connaissais pas. Aussi m'a-t-il été possible d'interrompre pendant quelques mois mes études pour rendre service à Michel.

Mademoiselle Christine est tombée malade quelque temps après notre départ, et un médecin du pays lui a ordonné les eaux de Vichy ; mais comme madame Tourangeau ne pouvait quitter son intérieur, mademoiselle Émelina s'est offerte à accompagner sa sœur. Il n'était pas convenable que deux jeunes filles seules allassent s'établir dans une ville d'eaux, et j'allai prendre des renseignements auprès d'un de mes camarades, aide-major au Val-de-Grâce, qui d'habitude fait le service thermal sous les ordres du chirurgien en chef de l'hôpital militaire de Vichy. Madame Tourangeau a chargé Michel de s'inquiéter des conditions à prendre pour l'installation de ses filles aux eaux ; et comme je faisais part à l'aide-major de l'inquiétude avec laquelle la famille verrait partir les deux demoiselles seules :

— Pouvez-vous, m'a-t-il dit, me remplacer cette année dans mon service à Vichy ? Je serais trop heureux d'aller mettre ordre à mes affaires dans mon pays, et en même temps que vous m'obligerez, vous pourrez servir de cavalier aux dames dont vous me parlez.

Présenté par lui au chirurgien en chef, j'ai été immédiatement accepté, et j'abandonne momentanément la clinique de l'Hôtel-Dieu pour entrer dans un hôpital militaire qui me permettra de voir le monde d'une ville d'eaux.

Ces demoiselles sont venues me prendre à Paris. Mademoiselle Christine était réellement souffrante.

Sa figure est jaune et bilieuse, et ses yeux noirs accusent une sorte de fièvre qui leur donne un éclat singulier.

A notre arrivée à Vichy, je l'ai conduite aussitôt chez le chirurgien en chef de l'hôpital militaire, un excellent praticien, plein de modération et de prudence, quoiqu'il traite habituellement des soldats.

Mademoiselle Christine, je l'espère, sentira un effet favorable du traitement ordonné par mon nouveau patron; sa sœur, si remuante, l'entraînera dans de longues courses aux environs, et la distraction du lieu opérera naturellement.

Les demoiselles Tourangeau sont logées dans une rue bordée de grands platanes : d'un côté, on aperçoit la fontaine de l'Hôpital, et de l'autre le chemin qui conduit à la Grande-Source. De leurs fenêtres, on suit les allants et venants qui, de cinq heures du matin à neuf heures du soir, traversent cette rue, au bout de laquelle est un grand pont jeté sur l'Allier. Par le pont, arrivent les paysans qui amènent leurs denrées au marché.

Les excursions ont lieu de ce côté, et la rue est incessamment traversée par des équipages et des cavalcades. Il faudrait se montrer rétif à toute distraction pour n'être pas égayé par le mouvement du quartier.

Mademoiselle Christine manque de ressorts et se laisse aller à un dangereux assoupissement. Aussi le docteur, pour parer à cet affaissement nerveux, lui a-t-il ordonné un régime sévère : elle devra prendre un bain à cinq heures du matin, boire un verre d'eau à la source de la Grande-Grille, se promener pendant une heure, boire un autre demi-verre d'eau avant de déjeuner et continuer ainsi ses promenades et ses boissons jusqu'à quatre heures.

Il a été convenu que le soir nous visiterions les campagnes voisines jusqu'à l'heure du Casino, où j'ai pris un abonnement qui répond aux plus chers désirs de mademoiselle Émelina. Une heure d'agréable musique détend les nerfs, et la journée s'écoule sans que les malades aient le temps de songer à leurs souffrances.

Tout d'abord nous avions trouvé Vichy triste. Le mois de mai n'amène que de réels malades impatients de se guérir ; mais le monde élégant arriva et remplit les riches hôtels qui se bâtissent de tous côtés. Rien de plus mouvementé que l'avenue du parc, l'après-midi, par un beau temps. La grande allée d'ormes touffus où se promènent les hommes regardant les femmes qui lisent et brodent, assises en groupes, fait penser à l'avenue des Tuileries ; mais l'intérêt est plus vif.

Le traitement étant de vingt et un jours, les baigneurs restent près d'un mois à Vichy, et la ville est si petite que chacun, s'y rencontrant nécessairement, est presque en pays de connaissance. Un bulletin imprimé donne tous les trois jours les noms et la profession des nouveaux arrivés, qu'on se montre. Des relations s'établissent à table d'hôte. La conversation aux sources amène des confidences, les confidences des affinités ; et pour servir de trait d'union entre toutes ces personnes venues des quatre coins de l'Europe, il est un fonds de baigneurs et de baigneuses qui, ayant été guéris à Vichy de maux cruels, y viennent maintenant par *reconnaissance*, sont liés entre eux, pilotent les nouveaux malades, et accomplissent gaiement leur pèlerinage en l'honneur de saint Vichy qu'ils viennent adorer tous les ans.

Je voudrais voir inscrire ce saint en tête de la liste des martyrs auxquels s'intéresse mademoiselle Christine, toujours trop pénétrée de ses devoirs religieux. Elle va tous les matins à l'église ; et le docteur, prévenu, a combiné son traitement de telle sorte qu'elle n'y puisse rester plus d'une demi-heure.

En moins de huit jours, les eaux ont éclairci le teint de mademoiselle Christine ; cette bile tenace qui donnait un brillant maladif à ses joues tend à disparaître. Quant à mademoiselle Émelina, tout ce monde en fête la ravit. Cependant elle se plaint des assiduités mystérieuses d'un jeune homme qui ne cesse de la regarder, va s'asseoir à la promenade non loin d'elle, passe sous ses fenêtres et arpente à toute heure du jour la grande allée quand, en compagnie de sa sœur, elle lit sous les ombrages. Mademoiselle Émelina n'est peut-être pas fâchée de ces poursuites; mais je veillerai à ces manéges, car les demoiselles sont placées sous ma protection.

J'ai passé une après-midi tout entière à côté des deux sœurs, dans la grande avenue, sans pouvoir surprendre l'inconnu dans ses contemplations. Mais la circulation est telle qu'il faudrait être Argus pour tout voir. Un coup d'œil est si vite lancé.

— Je ne veux plus de vous pour chaperon, monsieur Lucien, m'a dit en confidence mademoiselle Émelina; vous faites fuir les soupirants.

— Ne m'avez-vous pas dit, mademoiselle, combien les poursuites de ce jeune homme vous obsédaient?

— Qu'importe, cela distrait.

Au moins, mademoiselle Émelina est sincère.

— Je vous montrerai l'amoureux au prochain bal! a-t-elle ajouté.

— Au bal! Vous voulez aller au bal?

— Sans doute.

— Et mademoiselle Christine?

— Elle m'y accompagnera.

Les eaux ont un pouvoir extrême. Mademoiselle Christine, qui fuyait le monde à Longpont, va au bal!

— Vous nous servirez de parent, a ajouté mademoiselle Émelina.

J'ai accepté, trop heureux du changement qui s'est opéré dans la personne de mademoiselle Christine; et, deux jours après, j'offrais mon bras aux deux sœurs.

A huit heures, l'orchestre de Strauss donnait son premier coup d'archet. Il y avait vingt femmes dans la salle et cent hommes promenant leurs habits noirs dans les salons. Les femmes n'étaient pas en toilette de bal, sauf trois grandes demoiselles d'un aspect singulièrement provincial, que chacun regardait avec curiosité.

— Ce sont les dames de Cusset, a-t-on dit à mes côtés.

Mademoiselle Émelina n'a cessé de se divertir aux dépens des dames de Cusset, qui est une petite ville à une demi-lieue de Vichy. Quelle débauche pour les habitants de Cusset quand arrive la saison des eaux! Cusset ne vit plus, Cusset ne mange plus, Cusset ne dort plus. Les Parisiennes servent de journal de modes aux dames de Cusset, qui perdent la tête à les imiter un an plus tard. Aussi les dames de Cusset sont-elles toujours en arrière d'un été sur les modes et offrent-elles aux femmes élégantes matière à malins propos.

Les dames de Cusset font tapisserie. Qu'importe! Elles ne se découragent pas et abandonnent rarement la place, heureuses de s'être mêlées aux gens titrés de l'Europe dont la liste imprimée donne les noms. N'ayant pas étudié les mystères de la mode, il m'est difficile de saisir du premier coup d'œil l'arriéré de leurs toilettes; mais deux femmes distinguées sont entrées habillées d'une simple toilette de ville, et elles font comprendre le ridicule des robes décolletées et des coiffures prétentieuses des dames de Cusset dans un salon où personne ne paraît disposé à danser.

Mademoiselle Christine regarde les femmes et les hommes avec son indifférence habituelle. L'orchestre de Strauss ne la remue pas : elle est venue par complaisance pour sa sœur qui, décemment, ne pouvait se présenter au bras d'un aide-major suppléant. Mademoiselle Christine est au bal, son esprit ailleurs. Ses grands yeux noirs semblent traverser les murs de la salle et doivent se reposer sur la vue d'une sainte dans une chapelle. Quelquefois elle essaye de sourire, mais on sent l'effort et certainement elle nous trouve légers, car comment ne pas sourire aux remarques piquantes de mademoiselle Émelina ?

A la porte du salon se tient un groupe d'hommes en habit noir et en cravate blanche, dont les premiers rangs semblent pleins d'anxiété.

— Ce sont les messieurs de Cusset, a dit une de nos voisines au courant des habitudes de Vichy.

Le sexe fort n'est pas heureusement représenté par divers échantillons qui font forces gestes, se remuent en regardant les femmes avec des yeux pleins d'ardeur. Ce sont de gros lourdauds en habit noir à pans carrés, ou de longues asperges en habit à queue en sifflet, tous espoir du notariat, le col serré dans de petits carcans blancs et qui se dressent sur la pointe de leurs escarpins pour parler aux officiers présents. On discute beaucoup dans ce groupe, on se montre les femmes, on regarde piteusement l'orchestre qui prodigue sa musique en pure perte ; on se dit qu'il faudrait commencer la danse, et chacun paraît indécis.

— C'est toujours ainsi, a dit notre voisine ; il est d'usage de ne pas danser au premier bal.

— Ne pourrait-on pas commencer par le second ? a répondu mademoiselle Émelina.

Deux tirailleurs cependant se détachent du corps d'armée d'observation : un long jeune homme en cravate groseille et un sous-lieutenant en pantalon à la hussarde. La tête haute, ils traversent le salon, longent les banquettes où se tiennent les femmes et s'en reviennent consternés, la cravate groseille et le pantalon à la hussarde n'ayant pas surpris un seul regard encourageant, si ce n'est de la part des dames de Cusset.

Mais la cravate groseille et le pantalon garance visent plus haut. Près de l'orchestre, de jeunes Anglaises en chapeau espagnol coquettement posé sur les sourcils, font oublier les merveilleuses de Cusset.

D'après le rapport des deux tirailleurs qui sont allés reconnaître l'ennemi, l'état-major discute s'il est temps de commencer l'attaque. Les clercs de notaire de Cusset, réellement intrépides, se hasardent à traverser la salle, protégés par quelques pantalons à la hussarde ; l'arrière-garde les suit en se tenant par le bras. Ces merveilleux cavaliers paradent et cherchent évidemment à mettre en avant leurs avantages. Les uns se dandinent ; d'autres dardent les femmes de regards triomphants derrière le verre de leurs pince-nez ; les habits à pans carrés ne craignent pas d'être alourdis par la comparaison des étroits habits à queue de sifflet. Le dandy à la cravate groseille, celui qui évidemment donne le ton à Cusset, a passé un pouce déhanché dans son gilet pour en dégager les revers et montrer dans tout son éclat la perfection des nœuds de sa cravate, et il embrasse d'un regard conquérant toutes les femmes de l'assemblée.

— Je serais bien curieuse d'avoir une pensée de

cette cravate groseille sur mon album, dit mademoiselle Émelina.

— Vous avez un album, mademoiselle ?

— Pour y inscrire mes pensées de chaque jour.

— Me permettrez-vous d'y jeter un coup d'œil?

— Oh! s'est écriée mademoiselle Émelina, je confie pas ainsi mes pensées.

— Suis-je indiscret, mademoiselle?

— Non, mais...

— Mais?

— Vous ne comprenez pas la femme... Et vous êtes moqueur.

— Pour vous imiter, mademoiselle. Depuis votre entrée au bal, vous vous êtes montrée une railleuse impitoyable.

J'ai pris mademoiselle Christine à témoin de ma bienveillance, et elle m'a défendu charitablement.

— Quand on habite Longpont, a dit mademoiselle Christine, a-t-on le droit de se moquer des dames de Cusset?

— Au moins, a répliqué mademoiselle Émelina,

ma toilette n'est pas assez extravagante pour me faire remarquer.

En ce moment, un officier est venu prier mademoiselle Émelina de lui accorder une valse.

— Cependant on vous remarque, mademoiselle, ai-je dit.

— Je ne vous réponds plus, monsieur.

— Vous êtes blessée, mademoiselle?

— Que penseriez-vous, monsieur, d'un homme qui, appelé sur le terrain, arriverait en compagnie d'un ami, tous deux armés et tous deux tirant sur leur adversaire à la fois. Ainsi vous agissez en appelant à votre aide Christine, qui, vous le savez, se tourne sans cesse contre moi.

— Si j'avoue mes torts, mademoiselle, me rendrez-vous votre amitié?

— Nous verrons plus tard si vous en êtes digne.

Ce caquetage a été interrompu par une polka que trois danseurs sont enfin parvenus à organiser. Les dames de Cusset triomphent : elles ont ouvert la saison. Strauss est rayonnant; son petit œil de juif allemand s'illumine derrière des lunettes d'écaille. Ce début marquera dans les fastes de Vichy. On a dansé au premier bal ! Fait merveilleux dont parlera demain la feuille de la localité.

Il a fallu l'opiniâtreté des dames et des messieurs de Cusset pour arriver à ce coup d'État.

Seule, avec les dames de Cusset, polke une jeune Anglaise.

— Que je voudrais être Anglaise ! s'écrie mademoiselle Émelina. Personne ne gêne cette jeune fille. Elle veut danser, elle danse, elle se promène seule dans le parc, on n'y trouve point à redire. Elle est Anglaise. Elle s'habille à sa fantaisie et vous ne trouvez pas singulier qu'elle porte une ceinture de cuir noir sur une robe blanche.

— On la regarde trop, dit mademoiselle Christine.

— Que lui importe? Elle ne s'en inquiète pas. L'éducation qu'elle a reçue lui a appris à se mettre au-dessus de l'opinion.

A côté de nous était une bourgeoise normande qui gémissait de la toilette de la jeune Anglaise, poussait force exclamations et voulait voir en elle une lorette.

— Tu entends? reprit mademoiselle Christine.

— Qu'importe qu'une Normande, qui n'a jamais quitté Falaise ou Lisieux, confonde une jeune fille honnête avec des femmes dont elle a entendu conter dans sa province des histoires à dormir debout!

— Ainsi, mademoiselle, il vous importerait peu de passer pour ce que vous n'êtes pas?

— Certainement, si j'étais libre.

Mademoiselle Christine se taisait; mais elle était blessée des discours de sa sœur et, sur sa figure, il se peignait une sorte de compassion.

— Ne serait-il pas temps, dit-elle tout à coup, de rentrer à la maison?

Mademoiselle Émelina s'est levée à regret et nous sommes sortis du Casino, laissant les dames et les messieurs de Cusset heureux d'avoir ouvert si triomphalement la saison des eaux.

— Qu'il fait bon sous ces arbres! s'écria mademoiselle Christine, en traversant le parc éclairé par la lune.

La pauvre femme, gênée au milieu des plaisirs mondains, se jetait dans l'ombre des allées touffues comme dans un bain rafraîchissant; mais sa sœur ne pouvait s'empêcher de tourner la tête vers les fenêtres illuminées du Casino, d'où s'échappaient les sons affaiblis de l'orchestre.

— Vous ne vous êtes pas trop ennuyées, mesdemoiselles? ai-je dit, essayant d'associer les deux sœurs dans un sentiment commun.

— Au prochain bal, s'est écriée mademoiselle Émelina, nous retournerons au Casino.

Mademoiselle Christine n'a pas répondu. Son esprit est ailleurs.

VI

Les demoiselles Tourangeau sont logées chez un médecin de Vichy, qui trouve ainsi le moyen de s'assurer une petite clientèle, car il y a presque autant de docteurs dans le pays que de malades. Ce sont les médecins nommés par le gouvernement qui jouissent de la plus grande considération : à leur suite marchent, dans l'opinion, les hommes chargés du service médical de l'hôpital militaire. Quelques spécialistes, ceux surtout qui prétendent guérir la goutte, viennent à Vichy autant par passe-temps que pour soigner leurs riches clients. De jeunes médecins élégants recrutent quelques malades en dansant. Comment ne pas se laisser traiter par d'aimables docteurs qui tiennent le haut bout à la table de l'hôtel Montaret, content des histoires piquantes, organisent des parties de campagne, accompagnent les femmes à cheval, jouent au besoin au whist avec les grands parents et sont remplis de qualités si précieuses dans une ville d'eaux?

A la Grande-Grille, dans le jardin couvert de roses qui donne sur l'Allier, sont attablés de gros docteurs allemands venus pour étudier la propriété des différentes sources, et qui fument tout le jour d'interminables pipes de porcelaine en méditant sur les eaux thermales.

Si les malades ne guérissent pas ici, ce n'est pas faute de médecins, et encore n'ai-je pas compté les praticiens de Cusset et des environs qui, possédant une maison à Vichy, se font logeurs pour la saison. Il est moins coûteux de s'installer chez eux que dans les hôtels; mais mademoiselle Émelina se plaint de la frugalité de la nourriture.

Le groupe au milieu duquel vivent les deux sœurs se compose d'un prêtre, d'un chanteur et d'un notaire goutteux. Singulier assemblage ; mais n'en est-il pas ainsi dans toutes les villes d'eaux? Ces demoiselles m'ont invité un jour à dîner, en me priant de toucher quelques mots de la lésinerie qui préside aux repas. Elles s'imaginent que mon titre de suppléant aide-major fera merveille ; mais le docteur, prévenu de mon arrivée, avait par extraordinaire rehaussé le festin de poulets triomphants. J'appelle ces poulets *triomphants*, eu égard à leur rareté dans la maison : je n'ai jamais vu de bêtes plus étiques. Vichy est si loin du Mans ! Oh ! ces poulets morts de consomption, je m'en souviendrai, et je ne m'étonne plus que madame de Sévigné les payait de son temps deux sols pièce.

Mademoiselle Émelina a fait cette découverte en lisant les Lettres de madame de Sévigné, qu'elle ne quitte plus depuis qu'elle a visité la maison où habitait la marquise. La sœur de Michel passe maintenant des journées en contemplation devant la fameuse tourelle en briques qui domine la vallée; elle parle sans cesse de madame de Sévigné, qui est bien un peu apprêtée, mais qui avait le bon goût de ne pas faire de jérémiades sur l'asservissement de la femme par l'homme.

C'est au bord de la rivière que j'ai surpris un matin mademoiselle Émelina, devant la vieille maison de la marquise, écrivant sur un album qu'elle n'a pas eu le temps de dissimuler à mon arrivée. Je regardais fixement cet album. Mademoiselle Émelina, un peu troublée, se disait qu'à propos de l'album, nous allions livrer un petit combat, et elle n'y était sans doute pas suffisamment préparée, car elle s'est levée subitement, s'est emparée de mon bras, et m'a fait remonter lentement les bords de l'Allier, comme pour nous éloigner des baigneurs qui descendent les sentiers rapides de l'ancien Vichy et ne dépassent guère le tir au pistolet.

A partir de là, les promeneurs deviennent rares, quoique la campagne soit belle et fertile. De grandes prairies vertes, animées par des troupeaux de vaches, conduisent à un endroit solitaire planté de vieux saules tordus, dont les troncs fantasques sont recouverts de chevelures d'un vert pâle. Pour rompre le silence :

— Me permettrez-vous, mademoiselle, de lire dans votre cœur?

Mademoiselle Émelina m'a regardé d'un singulier regard, à la fois aimable et défiant.

— Mon cœur! s'est-elle écriée.

— J'entends votre album. L'album d'une femme ne contient-il pas l'expression la plus secrète de son cœur?

J'essayai de me montrer plus empressé que de coutume.

— Vous êtes si impitoyable pour les femmes! a répondu mademoiselle Émelina.

— Moi, mademoiselle! ai-je dit avec le ton de l'étonnement.

— Si j'étais certaine de votre discrétion!

— Pouvez-vous en douter, mademoiselle?

— Vous me promettez de n'en pas parler à Christine?

— Faut-il un serment, mademoiselle?

— Tenez, monsieur, a-t-elle dit en me présentant l'album et en détournant la tête.

C'est avec une sorte de pudeur que mademoiselle Émelina m'a remis la clef de ses pensées. Elle s'était éloignée à quelques pas de moi, paraissant attendre non sans anxiété le jugement que j'allais porter sur ses confidences intimes.

Plein de curiosité, j'ai ouvert l'album à un endroit où trois lignes seules s'étalaient au milieu d'une page blanche :

« *L'Amour et l'Amitié qui s'accouplent sont comme deux chevaux attelés en sens inverse; il en naît un sentiment écartelé.* »

Mademoiselle Émelina me regardait. J'ai poussé un : *Ah!* peu compromettant et je suis arrivé à la seconde pensée :

« *FEMME doit être le dernier mot d'un mourant et d'un livre.* »

Femme était écrit en gros caractères. La bizarre littérature que celle des Pensées! Au premier coup d'œil, ces Pensées paraissent avoir été pensées : en les relisant, on s'aperçoit qu'un certain assemblage de mots est la règle unique qui a présidé à une phrase creuse. Pourquoi *femme* doit-elle être le dernier mot d'un livre ? Il y a plus d'un livre plein d'intérêt où la femme n'apparaît pas. Pourquoi encore *femme* doit-elle être le dernier mot d'un mourant ? Les êtres vraiment malades pensent peu aux femmes : j'ai vu mourir quelques hommes dans les hôpitaux, aucun n'avait à la bouche le mot de *femme*.

La troisième pensée m'échappe absolument :

« *Le Saule est l'Œil et l'Eau la Larme.* »

L'œil de qui ? la larme de quoi ? Il y a là-dessous quelque symbole auquel mademoiselle Émelina doit attacher un sens particulier, à voir les majuscules dont elle s'est plu à décorer ce *Saule*, cet *Œil*, cette *Eau*, cette *Larme*.

J'ai donc passé à une autre pensée.

« *Il y a autant de lettres dans Femme que dans Amour.* »

— C'est juste, me suis-je écrié en comptant machinalement les lettres sur mes doigts ; mais où mène cette belle découverte, qui produirait peut-être quelque effet à la fin d'une comédie du Gymnase? En disséquant cette pensée et celles qui suivent, toutes sonnent creux, surtout une, touffue et si compliquée, que de la main j'ai un instant voilé mes yeux pour la méditer attentivement.

Pas de plus grand vent que l'Amour; pas de feuille plus sèche que le Cœur. L'un souffle sans cesse sur l'autre qui vole toujours. »

En feuilletant cet album où les mots Amour, Cœur, Soupir, Larme, Souffrir, Aimer, reviennent dix fois par page, je me suis tenu à quatre pour ne pas écrire une grosse facétie à la suite de ces fadeurs; mais mademoiselle Émelina m'étudiait, cherchant à surprendre les traces de mes impressions. Avec la froideur d'un greffier entrant dans le cachot d'un condamné pour lui lire son arrêt, je suis revenu vers elle. La pauvre fille semblait décontenancée, et j'ai eu pitié d'elle, malgré ses travers de *penseure*. Je lui ai même adressé quelques vagues compliments, afin d'obtenir la permission d'emporter l'album.

Si mademoiselle Émelina croit sérieusement à

de pareilles billevesées, je tremble pour son avenir. Une femme qui se gargarise l'esprit avec le mot *amour* et le verbe *aimer*, est sur une pente dangereuse. A Longpont, mademoiselle Émelina ne se soucie guère de la vie domestique ; elle pense tout le jour, hélas ! à ce terrible *amour* qu'elle a analysé tellement sous toutes ses faces, qu'elle en est arrivée, ô la belle découverte ! à reconnaître que cinq lettres président à sa formation.

Peut-on guérir mademoiselle Émelina de ces folies, et ne serait-ce pas inutilement tracasser Michel que de lui en parler ? Voilà ce que plus tard je me demandais en feuilletant l'album, qui m'irritait de telle sorte qu'il me prenait envie de le jeter dans la rivière. Mais l'auto-da-fé de la bibliothèque de don Quichotte par le curé changea-t-il le cours des idées du brave hidalgo ?

J'ai rendu avec une certaine froideur l'album à mademoiselle Émelina, craignant de la pousser dans une voie dangereuse par de flatteurs compliments. Peut-être cette sentimentalité n'est-elle qu'à la surface et disparaîtrait-elle dans une vie mieux

5.

occupée! Il y a certainement de la faute de M. Tourangeau, qui aurait pu s'opposer à ce fâcheux romanesque comme à l'état d'esprit de mademoiselle Christine.

Grave problème que l'éducation! Pourquoi Michel et sa sœur Julienne apportent-ils dans la vie une activité et un courage à toute épreuve, quand deux autres enfants qui, jeunes, ont subi la même direction se laissent entraîner au rêve et au découragement?

VII

Au début, les eaux avaient influé sur le caractère de mademoiselle Christine : elle s'était faite au mouvement extérieur sans s'y intéresser absolument ; mais j'avais gagné sa confiance. Huit jours après, elle est retombée dans sa mélancolie habituelle, et Vichy n'aura apporté aucune amélioration à son état. Il m'a fallu la presser longtemps pour l'entraîner dans une petite excursion aux environs, en compagnie de parentes du chirurgien de l'hôpital.

Quant à mademoiselle Émelina, elle m'a refusé net. Ainsi se trahit quelque rancune à propos du terrible album. Je ne m'en inquiète pas. Qu'elle passe sa journée à noircir de longues pages, c'est sa sœur qu'il faut distraire; mais pouvais-je me douter des confidences de la route? Je ne serais pas parti. Pourquoi mademoiselle Christine ne m'a-t-elle fait part de ses observations qu'en revenant?

Ce jour-là, mademoiselle Christine ne parvenait pas à sourire, et sur sa figure se voyaient clairement des traces de souffrances morales. Quand ses longs cils noirs se baissaient, une beauté maladive qui fait peine était loin des fraîches couleurs que j'attendais du traitement.

— Souffrez-vous, mademoiselle? lui ai-je demandé; car elle n'avait pas touché au déjeuner étalé joyeusement sur l'herbe par notre caravane.

Elle m'a fait un signe négatif; mais ses grands yeux voilés démentaient ses paroles.

— J'ai à vous parler en revenant, monsieur Lucien, m'a-t-elle dit tout à coup comme si elle faisait un violent effort sur elle-même.

— Ah! lui ai-je répondu, surpris de cette première confidence.

Comme toutes les dames se disposaient à revenir :

— Restons un peu en arrière, me dit mademoiselle Christine.

Alors elle s'est plaint des légèretés de sa sœur. Dans la maison où logent les demoiselles Tourangeau habite un chanteur. Mademoiselle Émelina fait la coquette avec cet homme engagé au Casino, d'où la tristesse de mademoiselle Christine ; mais il est difficile de se rendre compte des goûts singuliers de mademoiselle Émelina. Nous avons entendu le chanteur au concert ; il est d'une chétive tournure, et chante *Page et Capitaine* d'une façon lamentablement romantique. La poésie de *Page et Capitaine* aura tourné la tête de mademoiselle Émelina qui s'est fait remarquer des habitants de la maison par ses longues conversations avec le musicien à la suite du dîner, dans le jardin du docteur.

Voilà ce qui fait souffrir mademoiselle Christine, de ce que sa sœur ne tienne compte ni des devoirs de la société ni de sa position.

Je me rappelle ce chanteur à dîner. C'est un être

râpé, aux yeux rouges et fatigués; sous ses moustaches se cachent une bouche lâche, des lèvres épaisses et molles, pleines d'appétits grossiers. Il prend une certaine tournure sur les planches quand il sort des mains du coiffeur, les yeux allongés par le procédé des actrices; mais, à la ville, le comédien apparaît avec toutes ses crasses. Voilà l'homme vers lequel mademoiselle Émelina ne craint pas de descendre. Je ne m'étonne plus de l'enthousiasme avec lequel elle me parlait d'un roman dans lequel une duchesse élève jusqu'à elle un ouvrier serrurier. La pauvre fille prend ces contes pour articles de foi.

— Si elle avait de la religion ! s'est écriée mademoiselle Christine.

Je lui ai promis de veiller sur sa sœur comme un frère; au besoin, j'irai trouver le chanteur, et je lui parlerai de telle sorte qu'il me comprendra. Michel présent ne laisserait pas continuer une pareille intrigue. Je dois remplacer Michel.

Afin de mieux étudier mademoiselle Émelina, il a été convenu avec sa sœur que je la conduirai le soir à la promenade.

— Cet étranger vous fatigue-t-il toujours de ses poursuites ? ai-je demandé à mademoiselle Émelina pour la sonder.

— Il doit être parti, je ne le vois plus.

— Comme vous en parlez froidement, mademoiselle !

— Avez-vous cru, monsieur Lucien, qu'il y avait quelque chose de sérieux dans les assiduités d'un inconnu ? Un moment elles m'ont distraite et je n'y ai plus pensé depuis.

Mademoiselle Émelina possède une rare qualité : la sincérité ; mais si elle avait quelque secret à cacher, n'apporterait-elle pas plus d'hypocrisie dans son langage ?

— Ah ! que les hommes sont aveugles ! s'est écriée mademoiselle Émelina, qui semblait répondre à ma propre pensée.

Et elle ajouta d'un ton railleur :

— Vous ne voyez pas ce qui se passe autour de vous, monsieur Lucien.

Est-ce une bravade ? Mademoiselle Émelina serait-elle jalouse de ce que je n'ai pas remarqué les mines du chanteur ?

— Je ne viens pas absolument à Vichy, mademoiselle, pour me distraire. Mon service à l'hôpital me tient une partie de la journée ; je ne fréquente guère la société, et j'apprends par hasard les nouvelles, sans m'occuper de petites intrigues, bonnes tout au plus à occuper des esprits désœuvrés.

— Vous ai-je fatigué, monsieur Lucien, du récit de ces intrigues ?

— Ce n'est pas, ai-je dit pour reprendre la corde qui m'échappait, que ces aventures n'aient leur côté intéressant. Ainsi, on parlait hier de mariages dont les bases auraient été jetées à Vichy.

—Vichy ressemble à Longpont, a répondu mademoiselle Émelina. Chaque jour on y invente des mariages ; et vous vous intéressez, *monsieur le docteur*, à ces cancans ?

— Je n'accepte pas vos reproches, mademoiselle. Vous avez des griefs contre le mariage ; mais n'avez-vous pas étudié le mariage dans des romans qui vous en ont donné une fausse idée ?

Le premier coup frappé, j'ai continué en entraînant mademoiselle Émelina sous les arbres du parc, dans une contre-allée où nous ne pouvions être dérangés.

— Ai-je l'air d'un grave mentor, mademoiselle ? Nous sommes à peu près du même âge et je vous jure que nous pouvons nous entendre.

En ce moment passait à côté de nous un jeune homme et une jeune femme nouvellement mariés qui s'écartaient de la foule pour se confier leurs pensées d'avenir. La femme pressait le bras de son mari et on voyait qu'ils n'avaient qu'un cœur, une âme, un sourire.

—Tous les êtres ont besoin d'affection; les uns sont heureux en la donnant, les autres en la recevant. Un mari n'est-il pas le but auquel doit tendre la femme? Vous avez aimé, enfant, votre père et votre mère; la nature vous indique un jour qu'il faut compléter ces affections. Un mari se présente, vis-à-vis duquel il est bon de ne pas se montrer trop difficile. Si vous rêvez le prince Charmant, chassez ce rêve, car tous les jours il arrive que le prince Charmant ne soit ni prince ni charmant.

Dans l'avenue, des hommes se promenaient, semblant servir à ma démonstration. A côté d'eux étaient assises leurs femmes, entourées d'enfants roses et blonds.

— J'admets, continuais-je, qu'au bout de quelques mois votre prince Charmant vous apparaisse avec des sentiments bourgeois, la nature vous offre un nouveau champ d'affections. Vos enfants vous sont chers, vous ne voyez qu'eux au monde, vous ne vivez que par eux.

Je faisais remarquer à mademoiselle Émelina une femme qui couvrait son enfant de baisers, essayait de pénétrer jusqu'à son âme par de tendres regards et lui disait de ces mots si doux qu'a inventés la grammaire maternelle de tous les peuples.

— Un jour cependant ces enfants vous quittent comme vous avez quitté le toit paternel, et encore une fois se développe une nouvelle série d'affections. Vous chérissez les enfants de vos enfants plus que s'ils étaient les vôtres. Vos sensations semblent s'affiner pour se mettre au niveau de vos petits-fils. Croyez-vous maintenant que le mariage soit un sacrifice, et dites-moi si les romans des femmes fortes vous ont fait envisager ce côté de la question?

J'étais étonné des paroles graves qui sortaient de ma bouche en ce moment. Tout en parlant, la figure de Michel venait de m'apparaître, et ce que je disais, c'était son esprit qui me le soufflait.

Mademoiselle Émelina ne répondait pas; j'ai continué à lui peindre la vie d'une honnête femme, combien elle est respectée au bras de son mari et la joie qu'elle puise jusque dans la difficulté d'élever ses enfants.

— Combien, disais-je, souffre la femme qui ne se marie pas! Elle a une somme d'affection qu'il lui faut dépenser follement ou garder en elle. Toute affection non employée ressemble à du cuivre entassé dans une cave : elle se rouille. Cette rouille altère les meilleurs caractères et amène d'amers regrets, car chaque jour qui s'écoule est un pas de plus dans la fausse voie. Pour ne pas avoir obéi à la nature, la nature se venge. Qu'une femme contracte une liaison que la société ne reconnaît pas, elle est déshonorée à jamais et pleure toute la vie sa faute. Ah! mademoiselle Émelina, ne quittez pas Vichy sans penser à notre conversation d'aujourd'hui.

— J'y penserai, monsieur Lucien, m'a-t-elle dit en me serrant la main; j'y avais déjà pensé, mais il m'en coûtait de vous faire une confidence.

Elle se tut et j'attendais un récit de sa rencontre avec le chanteur; à mon grand étonnement:

— J'ai à vous parler de Christine, a dit mademoiselle Émelina.

— De votre sœur! me suis-je écrié.

— Elle est sous la puissance d'un homme qui peut exercer sur elle la plus funeste influence...

C'est une des plus rudes secousses que j'ai ressenties. Comment se peut-il que mademoiselle Christine, si attachée à ses devoirs, soit tombée dans les mêmes errements que sa sœur? N'est-il pas singulier que toutes deux s'accusent et me prennent chacune pour confident ?

— Vous ne m'écoutez pas, monsieur Lucien, dit Mademoiselle Émelina.

En effet, j'étais atterré de ces révélations.

— Votre sœur ! Un homme !... Que me dites-vous-là ?

— N'avez-vous pas remarqué, monsieur Lucien, la mélancolie qui s'est emparée de nouveau de Christine ?

— Eh bien ?

— Christine est retombée dans ses anciennes pratiques religieuses ; le matin, au lieu d'aller au bain, elle se rend à la chapelle, et ensuite se livre à des entretiens secrets avec...

— Avec ?

— Ne le devinez-vous pas, avec une des personnes qui mangent à notre table...

— Vraiment ! me suis-je écrié en regardant mademoiselle Émelina fixement.

— Vous me croyez, n'est-ce pas ? m'a-t-elle dit, répondant à mon doute.

Ainsi les deux sœurs aiment le même homme et se dénoncent mutuellement. Je cherchais trace de jalousie dans les yeux de mademoiselle Émelina. Mais comment mademoiselle Christine a-t-elle pu s'abaisser jusqu'à ce misérable chanteur? N'y a-t-il pas là de quoi confondre toutes les idées?

A la suite de cette confidence, nous avons fait un tour dans l'avenue sans échanger un mot.

— Surtout, ne dites pas à Christine que je vous ai confié son secret, reprit mademoiselle Émelina.

En ce moment passait un homme maigre avec une redingote à collet droit et un chapeau à larges bords sous lesquels se cachait une physionomie olivâtre, trouée par deux yeux noirs perçants. De grands cheveux grisonnants faisaient touffe derrière les oreilles.

Mademoiselle Émelina m'a pressé fortement le bras pendant que l'homme nous saluait en passant; alors je me suis retourné, et, sous le chapeau levé, j'ai vu une tonsure.

— Vous connaissez ce prêtre, mademoiselle?
— C'est celui dont je vous parlais...

— Je ne me rappelle pas...

— Ne vous ai-je pas dit l'influence qu'un des pensionnaires de notre maison exerçait sur Christine ?

— Ah ! je croyais...

— Que croyiez-vous

— Je ne sais.

— Deviendriez-vous fantasque, monsieur l'homme positif ? Quelque dame de Vichy vous a-t-elle tourné la tête ?

— Mademoiselle Émelina, parlons sérieusement. Ce prêtre...

— Est un missionnaire de la compagnie de Jésus, qui a beaucoup voyagé et qui vient ici chercher la santé : mais il trouble le repos de ma sœur.

— Comment ?

— Il lui prête des livres dont il est l'auteur et qui sont d'un mysticisme au moins singulier. Christine les dévore ; et sans doute pour se punir d'avoir négligé ses devoirs religieux pendant son séjour à Vichy, elle passe maintenant ses journées en prières. La nuit dernière, je l'ai surprise à genoux au milieu de la chambre, frissonnant de froid. Je n'ose lui en parler ; vous avez vu à Longpont quelles querelles amenait la plus simple observation. Mais vous, monsieur Lucien, ne pourriez-vous donner quelques conseils à ma sœur ?

Dans quel état m'a jeté cette nouvelle confidence ! Quelle autorité puis-je exercer sur deux jeunes filles si difficiles à conduire ? Il faudrait leur faire quitter la maison du docteur, les séparer du chanteur et du missionnaire. A quoi bon ? elles n'ont plus que quelques jours à rester à Vichy. Le mieux ne serait-il pas d'écrire à madame Tourangeau qu'elle les rappelle tout de suite à Longpont ? Mais pourquoi effrayer cette excellente femme ?

VIII

J'ai passé une mauvaise nuit en rêvant à cette aventure. Comment diriger deux filles qui, depuis si longtemps, se dirigent elles-mêmes? Laquelle des deux faut-il essayer de sauver d'abord ? Je suis dans la situation d'un médecin entre deux malades, dont l'état réclame les plus prompts secours. On ne peut sauver l'un qu'en abandonnant l'autre, et les hésitations du médecin font que les malades meurent tous les deux.

Mademoiselle Christine me recommande de veiller sur sa sœur, mademoiselle Émelina me prie de sauver son aînée. Quelle est la plus malade des deux? De folles aspirations ont produit de certains ravages chez mademoiselle Émelina ; mais combien sont dangereuses les pratiques d'une dévotion poussée jusqu'à l'exaltation.

N'ayant pas dormi de la nuit, le front brûlant, je me suis levé à quatre heures du matin pour rafraîchir mon cerveau par une promenade au bord de l'Allier. Tout était silence dans le parc, sauf les oiseaux qui préludaient à leurs chansons.

En arrivant à la place Rosalie, j'ai aperçu, agenouillée près de la chapelle, mademoiselle Christine, qui, la tête courbée contre la porte, semblait une statue de Madeleine. Je suis resté quelque temps à contempler cette vierge agenouillée, dont les cheveux noirs précipitamment noués flottaient sur un grand manteau du matin. Elle ne faisait pas un mouvement ; seule, la prière agitait ses lèvres. Qu'elle devait être heureuse en ce moment ! Aussi n'osais-je interrompre sa félicité et dissiper les rayonnements que ses prières assidues faisaient briller au-dessus de la porte de l'humble chapelle. De quel droit détruirais-je le mirage céleste qui soutient mademoiselle Christine et lui permet de se soustraire aux plaisirs du monde ?

Pourtant tout à l'heure, pensai-je, les baigneurs souriant de cette foi exaltée, troubleront mademoiselle Christine dans ses méditations. Dois-je laisser la sœur de Michel livrée aux propos d'esprits incrédules ?

Indécis, je suis revenu vers la chapelle en frappant la terre de mon pied ; mais le bruit n'est pas arrivé aux oreilles de mademoiselle Christine, qui, tenait les mains étroitement serrées l'une dans l'autre. Trois fois j'ai fait le tour de la place, et toujours la sainte fille restait agenouillée contre la porte comme une statue de pierre.

— Mademoiselle Christine ! me suis-je écrié en m'avançant près d'elle.

Elle ne s'est pas dérangée : rien des bruits extérieurs ne l'émeut. De nouveau je l'ai appelée d'une voix plus forte ; et comme elle ne répondait pas, j'ai craint que cette immobilité ne couvrit un évanouissement. Un mouvement que j'ai fait pour la relever l'a fait pencher vers moi tout d'une pièce.

Ses yeux étaient fermés ; une pâleur mate couvrait son visage. Mademoiselle Christine était en état d'extase !

Quelle situation pour tous deux si un promeneur nous eût aperçus à cinq heures du matin sur cette place déserte !

— Mademoiselle Christine ! me suis-je écrié de nouveau.

Elle a ouvert des paupières attristées de revoir le jour, et, en un instant le charme angélique qui illuminait sa figure s'est évanoui. Je me suis tu, mais je l'ai relevée vivement, car j'entendais les baigneuses du puits Rosalie qui arrivaient à leur poste.

Ces femmes, n'ayant d'autre occupation que de servir de l'eau thermale et de faire la conversation avec les baigneurs, n'auraient pas manqué de raconter comment elles avaient trouvé au petit jour une jeune fille à demi évanouie dans mes bras. Pour dérouter leurs soupçons, je suis allé droit à elles.

— Donnez un verre à mademoiselle, ai-je dit à une baigneuse qui heureusement me sait médecin et croira que je conduis à la source une nouvelle arrivée.

Sans se faire prier, mademoiselle Christine a bu un verre d'eau; elle se sent sous ma domination et espère peut-être échapper par son obéissance à mes questions.

— Comment vous trouvez-vous maintenant, mademoiselle ?

Elle m'a regardé avec de grands yeux pleins d'indifférence. Le traitement ne lui importe guère : tout à l'heure, quand elle buvait, c'était machinalement.

— Voulez-vous, mademoiselle, faire une promenade ? Votre médecin l'a recommandé, ai-je dit du ton le plus naturel, afin de ne pas donner à penser à mademoiselle Christine que j'avais à aborder un grave entretien.

En ce moment les paysans des environs arrivaient par le pont. Ce n'étaient que voitures, chevaux, ânes, charrettes pleines de moutons, de volailles, de denrées de toute espèce. C'est jour de grand marché, et la foule se porte à la place des

Fatitots ; j'ai entraîné de ce côté mademoiselle Christine qui se laissait conduire sans résistance. J'espérais que le bruit du marché, les cris des paysans et la vue des Bourbonnaises aux coiffures pittoresques la distrairaient un instant.

— Que tous ces gens sont gais, lui ai-je dit, et combien les paysannes ont l'air ouvert !

Mademoiselle Christine ne répondait pas, quoiqu'on la harcelât de tous côtés. C'étaient des marchandises qu'on lui offrait, avec mille compliments qui ne lui arrachaient pas un sourire. Les marchandes me prenaient à partie, disant que je devais être moins difficile que « madame. » Ces offres enjouées, les propos qui se tenaient sur le marché, n'avaient aucune prise sur mademoiselle Christine, qui semblait vouloir échapper au mouvement des Fatitots. Dans cette disposition, je pris le chemin des bords de l'Allier, comptant que la tranquillité de la rivière ramènerait quelque calme dans cet esprit tourmenté.

De grand matin, alors que la berge est peu fréquentée, l'Allier se montre dans son cours pittoresque : l'eau est calme, large, profonde, et baigne des prairies fertiles où l'œil suit d'immenses pâturages formés par les montagnes de l'Auvergne. Par un temps gris, ces montagnes font corps avec les nuages, et le regard de mademoiselle Christine cherchait les lointains horizons où les âmes fatiguées de la vie aiment à se reposer. Ces horizons fuyants ne sont-ils pas l'image de leurs pensées toujours flottantes ?

Un bon augure m'a fait présager du succès de l'entretien que j'avais à cœur d'aborder. Conduit doucement par mademoiselle Christine, qui de son bras m'entraînait plutôt que je ne la dirigeais, je me trouvais à l'endroit même où, quelques jours auparavant, mademoiselle Émelina me permettait de lire ses secrètes pensées sur son album ; mais l'attitude grave et sérieuse de mademoiselle Christine, depuis que je l'ai arrachée de la porte de la chapelle, m'imposait, et je ne savais comment aborder ce difficile entretien. Comme mademoiselle Christine ne parlait pas, je me suis armé de courage.

— Quelle heureuse idée, mademoiselle, de m'avoir conduit ici ! L'air est si pur au bord de l'eau...

Cette banalité est restée sans réponse, et j'ai continué.

— Ici, nous pouvons *causer*.

L'accentuation que j'ai donnée au mot a paru surprendre mademoiselle Christine, qui m'a regardé avec une sorte d'étonnement.

— Avons-nous besoin de parler? semblait-elle me dire du regard.

— Mademoiselle, le docteur se plaint de ce que vous n'allez plus le consulter... Vous négligez votre traitement.

— Mon traitement !

— Voulez-vous retourner à Longpont sans amélioration dans votre état ?

— Je ne souffre pas, a-t-elle dit.

— Je crois, en effet, mademoiselle, que certaines sensations... particulières vous font oublier vos malaises en vous enlevant à vous-même ; mais dans la vie habituelle, au milieu de votre famille, quand vous échapperez à ces influences...

— Que voulez-vous dire, monsieur ? s'est écriée mademoiselle Christine avec une vivacité qui ne lui est pas habituelle.

— Ne vous ai-je pas surprise ce matin, mademoiselle, à une heure où vous devriez reposer agenouillée devant la chapelle ?

Mademoiselle Christine a rougi tout à coup comme si elle avait commis une faute, et son trouble démontre qu'elle n'avait pas connaissance d'elle-même en ce moment, puisqu'elle ne se rappelle pas que je l'ai relevée. J'ai insisté sur l'abus de ces pratiques, qui nuisent à l'effet du traitement.

Mademoiselle Christine m'écouta d'abord attentivement. Ses yeux ne se baissaient plus ; tour à tour elle rougissait, pâlissait, et un combat se livrait à l'intérieur.

— Qu'un missionnaire, disais-je, passe sa vie en prières et en mortifications, c'est son devoir : en entrant dans les ordres, il a renoncé aux jouissances de la vie ; mais une jeune fille, à moins qu'elle ne pense à devenir religieuse, ne peut et ne doit passer sa vie en extases et en inactions contemplatives. Le corps en souffre et s'insurge contre toutes tentatives de guérison. Vous êtes venue à Vichy, mademoiselle, pour vous guérir; vous retournerez à Longpont plus souffrante qu'à votre départ si vous continuez de suivre les conseils d'un homme, peut-être animé par le désir du bien, mais qui ne saurait jeter que du trouble dans votre intelligence.

— Monsieur, s'est écriée mademoiselle Christine d'un ton plein de résolution, du moment où la médecine entre en lutte avec la religion, je me range du côté de la religion.

Elle parlait avec une fermeté dont je ne la croyais pas capable. J'ai protesté de mon respect pour ses croyances.

— Ne mettez-vous pas en doute, monsieur, les intentions d'un prêtre dévoué, d'un pieux missionnaire dont les conseils m'ont fait comprendre la nécessité de devoirs que je négligeais ?

— Mais ce prêtre, mademoiselle, est souffrant

lui-même. Il vient aux eaux pour rétablir sa santé. Si les macérations et les jeûnes atteignent un homme, comment une organisation délicate telle que la vôtre pourra-t-elle résister?

— Le saint homme qui veut bien me diriger, monsieur, est venu se rétablir ici des fatigues et des maladies qu'il a contractées dans de longs voyages. La prière n'a pas l'action morbide que vous lui prêtez : elle remplit le cœur de félicités que la médecine ne peut comprendre.

— Mais la prière, mademoiselle Christine, ne devrait pas vous empêcher de suivre un traitement nécessaire. Pour prier, vous négligez les bains que le docteur vous a ordonnés...

Comme cet entretien était monté sur un ton qui ne pouvait amener la conciliation, je l'ai rompu en priant mademoiselle Christine de retourner à la source.

— C'est impossible aujourd'hui, monsieur.

— N'était-il pas convenu, mademoiselle, que vous prendriez un verre d'eau toutes les heures?

— Dispensez-m'en, monsieur, ce matin.

J'ai prié mademoiselle Christine de me confier la cause de sa répulsion soudaine pour les eaux, puisqu'elle en avait bu tout à l'heure un verre en ma présence.

— Ce matin ! s'est écriée mademoiselle Christine. Ai-je réellement bu un verre d'eau ?

— Ne vous rappelez-vous pas, mademoiselle, que je vous ai conduite à la source Rosalie ?

— Ah ! monsieur, vous avez abusé de mon trouble !

Avec quelle émotion elle parlait !

— Je ne vous croyais pas un ennemi de la religion !

— Mademoiselle !...

— Vous vous êtes inutilement opposé, monsieur, à l'accomplissement de mes devoirs religieux ; je ne vous reverrai jamais.

Là-dessus, mademoiselle Christine m'a quitté brusquement, me laissant dans l'inquiétude, car je ne comprenais pas le motif de sa subite indignation ; mais je l'ai su plus tard par sa sœur. Quoiqu'elle ne s'ouvre pas d'habitude à sa cadette, mademoiselle Christine s'est écriée en rentrant que je l'avais empêchée de communier, en lui faisant boire à dessein un verre d'eau de Vichy avant la messe, à laquelle elle devait assister le matin. Pauvre femme, qu'elle est à plaindre !

A elle et à sa sœur, il a manqué un être dans le cœur duquel elles auraient versé leurs affections. Elles ont franchi le fossé qui sépare les filles du mariage, et les deux sœurs se trouvent dans un pays aride et désert : le pays des célibataires, où sont adorés toutes sortes de fétiches qui ne sauraient remplacer les affections conjugales. Et elles souffrent d'autant plus que leur imagination est plus vive.

Mademoiselle Émelina, à qui j'ai donné de rudes conseils en lui montrant le fâcheux état de sa sœur, est encore la plus raisonnable. L'aspiration à l'indépendance est moins dangereuse que le mysticisme. Elle s'aperçoit peut-être que les lectures déréglées et les folles pensées inscrites sur un album ne mènent pas à la liberté. J'essaye de lui mettre le mariage en tête et de cheviller tellement le mot à son esprit que l'idée lui en revienne à la mémoire, sans cesse et toujours. A vingt-cinq ans, mademoiselle Émelina peut encore penser à s'établir; si elle le veut fortement, elle se mariera et les premiers sourires d'un enfant enlèveront toutes les fausses idées dont elle s'est embarbouillé l'esprit.

IX

Ces demoiselles ont reçu une lettre de leur sœur Julienne qu'elles m'ont communiquée. La famille tout entière se fait une fête de voir revenir mademoiselle Christine en bonne santé. Madame Tourangeau se console de l'absence de sa fille en se félicitant de son bien-être et de la guérison qu'elle a trouvée aux eaux. Hélas! combien sera détrompée la pauvre mère! J'ai conseillé à mademoiselle Émelina de glisser sur les effets de la cure. Est-il nécessaire d'affliger maintenant une femme qui n'est heureuse que par le bonheur de ses enfants?

— Surtout, ai-je recommandé à mademoiselle Émelina, que pas un mot dans votre lettre ne fasse pressentir les troubles produits par la rencontre du missionnaire.

C'est en lisant la lettre de mademoiselle Julienne que je voyais maintenant combien elle diffère de ses sœurs. Voilà une véritable femme, bonne, sans apprêt, qui écrit comme elle parle, avec une discrétion enjouée.

L'aimable personne se révèle dans chaque phrase, et rien ne trahit en elle l'effervescence des sensations de ses sœurs. Mademoiselle Julienne semble ne tenir par aucune affinité de caractère à une famille représentée par M. Tourangeau, Michel, mesdemoiselles Christine et Émelina, tous quatre plus ou moins tourmentés par d'ardentes imaginations. Mademoiselle Julienne est l'antithèse absolue de ces natures enfiévrées, sans avoir quoi que ce soit de froid, de bourgeois ou de puritain.

Sa lettre est douce, charmante et affectueuse. Pas une ombre de raillerie ne se glisse sous cette plume, assez fine pour peindre d'un trait moqueur des fantaisies auxquelles elle échappe par sa rectitude d'esprit; mais sa tendresse se montre dans chaque ligne, à la façon dont elle s'intéresse au voyage de ses sœurs, à leur installation et au récit qu'elle attend de leur séjour a Vichy. Sans traiter ses sœurs en enfants, elle se montre cependant, comme une mère, pleine d'indulgence pour leurs défauts.

A travers chaque phrase se dessine le portrait de mademoiselle Julienne, et quand je compare son activité à l'inaction des deux sœurs, l'une inscrivant des folies sur son album, l'autre s'enfonçant chaque jour de plus en plus dans des pratiques religieuses qui développeront de nouvelles perturbations, je plains mademoiselle Julienne destinée à souffrir des souffrances de ses sœurs.

Une créature réellement heureuse est un être si rare sur la terre qu'on devrait, comme les fleurs délicates, la protéger contre les intempéries du chagrin.

Si plus tard l'étude me donne quelque autorité, je n'aspire qu'à relever le moral de pauvres êtres abattus; mais il me faut l'âge et la réputation, et je suis trop jeune pour remplir ce rôle auprès des demoiselles Tourangeau. A leurs yeux, je n'ai pas encore qualité pour les gouverner ; pourtant, il me semble que mademoiselle Émelina a ressenti une certaine influence, je n'ose dire de mes conseils, mais des exagérations de sa sœur, qui, en réagissant sur elle, lui ont montré comme dans un miroir où peut conduire une idée fixe.

Mademoiselle Christine me garde rancune depuis notre dernière conversation ; mais la pauvre fille a reporté son amitié vers sa sœur, et elle lui confie certaines choses qu'elle ne m'aurait pas avouées. Je me sers donc de mademoiselle Émelina comme de confidente, et j'ai pu alors la questionner sur ses relations avec ce chanteur dont mademoiselle Christine m'avait tant entretenu : craintes exagérées d'une imagination ardente qui donnait une fausse portée à d'innocentes relations. Mademoiselle Émelina a composé quelques pièces de vers, et comme son voisin de table le chanteur est pianiste et à peu près compositeur, elle était bien aise de recouvrir de mélodies ses chères paroles.

J'ai même été victime d'une de ces romances, qui a été chantée au Casino devant un public froid. Si mademoiselle Émelina ne s'est pas dit que l'insuccès était dû au chanteur, elle a cruellement souffert dans son amour-propre. Il s'agissait d'un *Nid dans un bocage*. Ce n'est rien qu'une romance de plus : des mots qui riment, des phrases musicales connues.

Mais qu'il sera difficile d'éviter le débordement des idées *poétiques* de la sœur de Michel ! Nous devions agir de concert afin de contrebalancer l'influence du missionnaire sur l'esprit de mademoiselle Christine, et mademoiselle Émelina avait promis de faire tous ses efforts pour gagner la confiance absolue de sa sœur.

— J'ai trouvé, m'a-t-elle dit, un excellent moyen d'entrer dans les idées de Christine. Lisez, monsieur Lucien.

Alors elle m'a présenté son éternel album sur lequel était écrit en gros caractères :

« *La* MORT. — *La première lettre de ce mot, M, donne une imitation de la Sainte-Trinité; la seconde, O, représente la Terre qui vient après; la troisième, R, ressemble à une potence, image de destruction vis-à-vis de la terre; puis enfin la quatrième, T, c'est la croix qui termine.* »

Je regardai mademoiselle Émelina non sans inquiétude.

— Eh bien? me dit-elle avec un sourire prêt à recevoir des compliments.

— Vraiment, mademoiselle, je ne saisis pas à la première lecture...

— Ce sont des études sur chacune des lettres qui composent le mot de mort.

— Des *études!* me suis-je écrié stupéfait de la portée qu'on peut donner à un mot. Que vous soumettiez, mademoiselle, d'innocentes lettres aux tournures capricieuses de votre esprit, que vous les baptisiez à votre fantaisie, je le vois; mais si vous m'en démontrez l'utilité, immédiatement je me range à votre avis.

— Ne m'avez-vous pas recommandé, monsieur Lucien, d'acquérir la confiance de ma sœur? J'ai feuilleté quelques pages d'un livre que le missionnaire a remis à Christine, et je me suis efforcée d'en imiter la manière et l'esprit. En employant des images religieuses, je réponds aux tendances de ma sœur.

— Franchement, mademoiselle, le remède est pire que le mal. C'est remplir le cerveau de mademoiselle Christine d'idées malsaines que de lui mettre sous les yeux de telles bizarreries.

— Mais, monsieur Lucien, je n'ai agi que d'après vos conseils.

— Avouez, mademoiselle Émelina, que vous n'étiez pas médiocrement fière d'ajouter une *belle* pensée à la suite de celles qui emplissent votre album.

— Cette pensée n'est pas conforme à ma manière de voir, vous le savez.

— Pourquoi l'avoir écrite?

— Pour plaire à ma sœur en imitant le style du missionnaire.

— Est-ce que les livres qu'il a prêtés à mademoiselle Christine sont écrits de la sorte?

— La forme en est peut-être moins nette, mais

le fond est certainement plus mystique encore.

— Je vous en prie, mademoiselle, abandonnez ce moyen de guérison, car vous seriez trois contre moi, vous, votre sœur et le missionnaire.

Mademoiselle Émelina a répondu que, loin de pousser sa sœur dans des pratiques de dévotion outrées, elle avait peine à se contenir en présence du membre de la compagnie de Jésus.

En remerciant toutefois cette alliée dangereuse de sa bonne volonté, j'ai résolu d'aller droit à mon adversaire. Ce prêtre connaît l'état de mademoiselle Christine ; il comprendra le trouble dans lequel la mysticité plonge une femme maladive. Qui peut mieux que lui détacher peu à peu la pauvre fille de ces tendances bizarres qui s'opposent au rétablissement de sa santé ?

Ah ! que le mysticisme est dangereux ! Il s'attache à l'esprit comme le salpêtre au mur d'une cave ; mais on ne le détache pas si facilement. Je comprends maintenant l'emportement du professeur Talbot, qui tonnait à la clinique contre le mysticisme dans les sciences. « Les mystiques sont capables de tout, disait-il ; il faut les traiter comme des ennemis, car, si vous ne les tuez pas, ils vous tueront ! »

La pauvre mademoiselle Christine n'est pas si dangereuse : victime passive, ce n'est pas elle qui causerait à quiconque le moindre des chagrins. Des principes inflexibles la dirigent ; mais elle garde profondément en elle ses perturbations et elle se sacrifierait plutôt que de les faire supporter aux autres.

Ainsi, mon séjour à Vichy n'aura pas été inutile ; je croyais n'avoir à soigner que des militaires, et je suis à même d'étudier des bizarreries morales qui prouvent quelles difficultueuses barrières se dressent souvent en face de la science. Chaque visite aux demoiselles Tourangeau est une source de réflexions que je promène partout avec moi. Je suis presque toujours ainsi en compagnie des deux sœurs, car leur image et leur souvenir ne me quittent guère ; mais ce sont deux malades intéressantes, et l'amitié que je leur porte semble s'accroître avec leur état singulier.

En quittant mademoiselle Émelina, je suis allé, seul, dans le parc. La grande avenue est bordée de deux étroites contre-allées où se promènent les amis de la solitude : sous ces ombrages touffus se déroulent de grandes pelouses de gazon autour desquelles courent de petits chemins sinueux, et du côté de la place des Fatitots, on ne rencontre guère que quelques promeneurs philosophes méditant.

C'est dans un de ces sentiers tranquilles que je me suis trouvé en face du missionnaire, au moment même où je pensais à lui. Ses yeux baissés étaient cloués sur un gros volume noir d'un aspect si sombre, qu'il doit contenir le catalogue de tous les péchés d'ici-bas. Le sentier est étroit ; nous avons été obligés de nous arrêter face à face.

— Pardon mon père, ai-je dit en l'abordant le chapeau à la main.

Le missionnaire levait ses yeux vers moi comme pour me demander ce que j'avais à lui communiquer.

— Vous plairait-il, mon père, de m'accorder quelques minutes d'entretien ?

Il s'est incliné et de la main m'a fait signe de parler.

— La santé de mademoiselle Christine m'inquiète, mon père.

Le missionnaire levait sur moi des yeux à la fois humbles et froids.

— Chargé par la famille Tourangeau de veiller sur mademoiselle Christine, je m'aperçois que le séjour de Vichy n'a amené aucune amélioration dans son état.

Toujours me regardait de côté, à la chinoise pour ainsi dire, le missionnaire dont la physionomie ne laissait rien paraître des pensées intérieures.

— Au contraire, ai-je ajouté, mademoiselle Christine emportera de son séjour aux eaux une anxiété fiévreuse due à des mortifications auxquelles auraient dû s'opposer ceux qui l'entourent.

Le missionnaire baissait la tête et je commençais à m'irriter de cette humilité.

— Qu'en pensez-vous, mon père?

Sa tête s'est affaissée; il semblait répondre à la terre.

— Gémir n'est pas répondre, me suis-je écrié vivement.

— Monsieur, a dit enfin le missionnaire, vous étudiez la médecine, dites-vous, et vous cherchez à guérir le corps : nous avons chacun un but différent, je sauve les âmes. Nous n'agissons pas dans le même sens et nous ne pouvons nous entendre. En me félicitant du hasard qui m'a permis de vous rencontrer, je vous prie de m'excuser, ayant à cette heure d'importants devoirs à remplir qui ne me laissent pas le temps de donner suite à cet entretien.

Il m'a salué profondément et a continué sa route.

Combien j'ai été faible! Ne devais-je pas courir sur les pas du missionnaire pour le forcer à s'expliquer? Malheureusement je suis de la classe des gens réfléchis qui n'ont ni la décision ni la réplique alertes. A la suite de ce congé, toutes sortes de bonnes raisons me sont venues à l'esprit, et j'étais pris d'une fièvre d'éloquence qui n'a servi qu'aux arbres et aux oiseaux du parc. Je me promenais à grands pas dans les allées solitaires, adressant de touchants discours au missionnaire parti depuis longtemps. La persuasion coulait de ma bouche; j'arrivais à toucher le cœur du prêtre qui me promettait de ramener mademoiselle Christine dans le sentier des devoirs domestiques. Finalement, je me suis senti tout honteux de m'exprimer dans le vide avec tant d'éloquence.

Je crains maintenant de rencontrer le missionnaire; il a remporté une victoire si facile qu'il doit me tenir pour un mince adversaire. C'est une leçon. Il faut se débarrasser de cette sotte timidité.

X

Enfin les deux sœurs sont parties de Vichy, et j'en suis heureux. Le missionnaire avait pris trop d'empire sur mademoiselle Christine pour que j'entreprisse de lutter avec lui. Je n'aurais pas cru pourtant que le départ de mademoiselle Christine s'opérât si facilement : sauf un détour qu'elle a décidé de faire pour visiter Notre-Dame de Fourvières, le voyage s'effectuera régulièrement. Mademoiselle Émelina m'a promis de vivre en bonne intelligence avec sa sœur ; elle aussi sera glorieuse de revenir à la maison paternelle après avoir traversé des pays nouveaux, qui lui permettront de donner carrière à son éloquence descriptive.

Combien d'abord j'ai respiré d'être débarrassé d'une surveillance à laquelle ces divers incidents ont donné tout à coup des difficultés que je n'avais pas soupçonnées ! Au sein de la famille, la vie des deux demoiselles paraissait s'écouler naturellement ; mais deux grandes filles en liberté jetaient un conducteur jeune dans des embarras multipliés. Jusqu'où pouvait être entraînée mademoiselle Christine par les conseils du missionnaire ? Quelquefois je craignais qu'elle ne voulût plus retourner à Longpont et qu'elle ne prît le voile dans un couvent. Un singulier effet des eaux thermales !

Nous nous sommes pourtant séparés en excellents termes, et l'amitié qui avait failli être rompue entre mademoiselle Christine et moi s'est ravivée tout à coup aux derniers claquements de fouet du postillon qui l'emmenait.

Que mademoiselle Christine échappe à ses ardeurs religieuses, elle deviendra la plus aimable des femmes.

Mademoiselle Christine était émue en me donnant la main, et subitement elle s'est rejetée dans la voiture pour cacher son émotion.

Sa voix était si touchante quand elle m'a remercié de mes soins, que certainement elle se repentait à cette heure des difficultés qui se sont élevées entre nous. Son état l'empêche parfois de voir juste dans la vie et de diriger ses actions ; mais en elle combattent de vives réactions qui, malheureusement, ne peuvent dominer et redoublent son affaissement par leur impuissance.

Pour mademoiselle Émelina, elle m'a fait promettre de lui écrire.

— Vous le devez à une alliée fidèle, m'a-t-elle dit. Si je ne trouve pas une lettre de mon ami Lucien à mon arrivée à Longpont, je commence le feu, c'est moi qui écrirai la première.

J'ai pu alors reprendre à l'hôpital mon service, fort négligé depuis trois semaines. Mais que l'habitude est tenace ! Je souhaitais le départ de ces demoiselles, je le regrette aujourd'hui. La ville me paraît triste et vide, et pourtant le mois de juillet amène à Vichy de nombreux baigneurs qui trouvent à peine un lit dans les hôtels.

Il n'en était pas ainsi à l'arrivée des demoiselles Tourangeau, qui se divertissaient chaque soir à voir l'émeute produite par les hôteliers, les logeurs, les filles d'auberge, les marmitons, s'arrachant le moindre voyageur. Les ingrats laissent arriver maintenant les diligences sans leur faire escorte et les nouveaux débarqués sont aussi embarrassés de se loger, qu'au début de la saison ils étaient préoccupés de ne pas laisser leurs habits et leurs membres aux mains d'une population qui se les disputait.

Vichy est en fête de midi à minuit : ce ne sont par les rues que cavalcades, promenades à âne, équipages. Le parc est encombré de femmes élégantes; le soir on danse dans chaque hôtel; la musique s'échappe de chaque fenêtre. Je pourrais me distraire, et cependant, je ne pense qu'à ces demoiselles; je les vois sans cesse devant mes yeux, je les cherche partout, me promenant aux endroits où j'avais coutume de les accompagner, et je reviens mélancolique à l'hôpital, accomplissant machinalement mon service ; car sans cesse ces paroles tintent dans mes oreilles : Elles sont parties !

Les agrafes de l'amitié sont solides ! Je me plaignais de l'exaltation de ces demoiselles et chaque jour développe en moi une plante grimpante qui va de Vichy à Longpont. La fraternité qui m'unit à Michel me faisait découvrir quelques-unes de ses ressemblances dans ses sœurs, et je surprenais parfois chez mademoiselle Christine et chez mademoiselle Émelina un accent, un geste, un sourire, une façon de regarder qui me rappelaient mon ami isolé à Paris.

Michel ne m'a écrit qu'une fois depuis son départ ; mais il est plongé dans de si grands travaux que je lui pardonne. Chacune de ses lignes serait dérobée à l'étude. Michel n'a-t-il pas à gagner péniblement sa vie en donnant des répétitions ? Et quels efforts doit-il faire pour s'arracher à ses recherches afin de subvenir aux besoins de chaque jour ?

Michel verra ses sœurs qui passent à Paris avant de retourner à Longpont ; c'est ce qui m'a décidé, en lui répondant, à glisser rapidement sur l'état de mademoiselle Christine, qui peut-être a retrouvé le calme en s'éloignant du missionnaire. Michel a besoin d'une absolue tranquillité d'esprit pour mener à bonne fin d'importantes études, et j'espère qu'il ne remarquera pas les agitations de sa sœur, au cas où elles ne seraient pas dissipées.

XI

Mademoiselle Émelina m'a écrit comme elle m'en avait prévenu. Et quelle lettre! huit pages! Et quelle écriture! et quel style! Des phrases sans fin, du bavardage sans but, une écriture sans caractère. Ces huit pages, sous le prétexte de me conter son voyage de Vichy à Longpont, n'ont pas certainement demandé plus d'une heure à mademoiselle Émelina. Après avoir lu attentivement ses divagations, il ne m'en reste pas un traître mot dans la tête.

Après s'être arrêtée à Lyon et à Paris, la singulière fille qui, aurait pu décrire les curiosités qu'elle a vues, se lance dans le vague; toutes sortes d'aspirations troubles coulent de sa plume sans efforts et révèlent sa nature superficielle. Et elle exige une réponse !

Répondre à quoi ? Dois-je la complimenter sur sa lettre ? J'ai peur qu'elle ne comprenne pas plus ce qu'on lui écrit que ce qu'elle écrit. Ces sortes de femmes sont singulières ! Tout entre en danse et tourbillonne dans leur esprit, et rien ne se range sur les cases mystérieuses qui font du cerveau une sorte de bibliothèque. Mais quel désordre règne dans la bibliothèque cérébrale de mademoiselle Émelina !

Je lui ai répondu ; sera-t-elle satisfaite ? Ma plus grande préoccupation est l'état de mademoiselle Christine, dont sa sœur me disait à peine quelques mots, et j'ai écrit seulement deux pages que comprendrait madame Tourangeau, mais qui paraîtront d'un affreux prosaïsme à sa fille.

Revenu à Paris, j'ai trouvé Michel pâle, fatigué par ses travaux, la figure inquiète ; mais à peine m'a-t-il vu qu'un sourire a chassé toutes les brumes du travail. En ma qualité de presque docteur, tout fier d'avoir exercé pendant une saison d'eaux, je l'ai gourmandé sur son trop d'assiduité au travail.

— Tu tomberas malade, lui disais-je, si tu continues à te forcer ainsi.

Pour toute réponse, ses yeux se sont illuminés et semblaient me dire : Regarde quelle flamme intérieure m'anime !

En effet, son regard était plein de cette fierté de grand travailleur que rien ne saurait arrêter. Les beaux yeux qu'avait Michel en me regardant avec attendrissement ! Il n'est pas besoin de lui demander l'emploi de son temps pendant notre séparation ; sa physionomie tout entière répond pour lui. La science a creusé ses joues, rougi ses paupières, mais les yeux sont d'une pureté de nacre qu'aucune passion, autre que celle de l'étude, n'a altérée.

En revoyant Michel, j'étais honteux de n'avoir pas travaillé davantage à Vichy ; la grosse santé que je rapporte du Bourbonnais me condamne, et la gravité bienveillante et réfléchie inscrite sur la physionomie de mon ami me pousse à l'étude, comme la vue d'un clair ruisseau invite le voyageur a se désaltérer. Plus je regarde Michel et plus je l'admire ; la pensée a chassé toutes les parties molles de sa figure, et à côté de la pensée a pris place la volonté, qui a sillonné d'angles cette belle physionomie. Pendant que je débouclais ma malle et que je mettais en ordre ma table de travail, Michel me confiait ses projets. Des études incessantes ont agrandi son plan : il a trouvé d'importants matériaux pour son livre.

Michel a élucidé une grave question historique qui lui demandait des recherches sans nombre ; il prépare une réponse au Mémoire qu'a publié un prêtre sur la question des *Droits du seigneur*. Sa réponse se fera peut-être attendre un an ; qu'importe ! cette grave question est éternellement pendante. On manque de documents positifs sur les Droits du seigneur et du clergé que l'Église nie avoir existés. Ses adversaires, s'appuyant sur la tradition, n'ont trouvé jusqu'ici que des sortes d'affirmations douteuses ; mais Michel veut arriver avec des preuves décisives, et il ne débutera au barreau qu'après avoir fondé sa réputation par ce ouvrage important.

Singulière nature que Michel! Il a l'enthousiasme, la spontanéité, et en même temps les facultés les plus contraires, l'esprit d'ordre de sa mère. Ainsi, il m'a lu une admirable préface qui suffirait par son éloquence à le poser comme un écrivain : et pourtant, Michel fait peu de cas de cette préface. Il est maintenant entré dans la voie des recherches; et quand, après huit jours de lectures de parchemins aux Archives, il trouve une simple date, voilà un homme aussi heureux que ces fureteurs sans imagination qui passent leur vie à contrôler le travail des créateurs.

Enthousiaste et froid à la fois, Michel a le feu de l'imagination et le calme de la science.

Le beau livre qu'il publiera dans de telles conditions! Il est entré dans la question avec tant d'ardeur et de recueillement qu'il ne vit que pour son livre. Je l'ai laissé dans cet état à Paris; il ne savait plus s'il mangeait, s'il dormait, s'il y avait des hommes autour de lui, si sa famille existait;

il ne connaissait que les Droits du seigneur. C'est de l'égoïsme ; mais la science rend les hommes égoïstes, car elle ne se donne qu'à des servants dévoués.

— Tiens ! s'est-il écrié en me montrant un énorme dossier de notes qu'il regardait avec des yeux d'avare étalant ses trésors, ce qu'un homme peut faire de travail en trois mois est immense !

En remuant ces papiers, Michel avait la même joie que l'enfant qui, le matin du jour de l'an, trouve, à son réveil, une table chargée de jouets.

— Si je mène à bien ce travail, dit Michel, toute ma vie d'avocat sera posée sur un socle inébranlable, et ma fortune est faite.

J'étais étonné que Michel revint à différentes reprises sur cette idée de fortune, lui dont les goûts sont si modestes ; mais un mot a dévoilé sa noblesse de caractère.

— Je le dois à ma famille, à mes sœurs, a-t-il dit.

Et il ajoutait avec une certaine mélancolie :

— C'est moi qui les ai empêchées de se marier...

Il faut donc devenir riche pour qu'une grosse dot fasse passer par-dessus leur âge. Alors je leur choisirai des maris de ma main.

Jamais, jusqu'alors, il ne s'était ouvert à ce sujet avec moi. J'avais cru que ses sœurs étaient restées filles volontairement; mais Michel m'a démontré quels frais avait demandés son éducation à ses parents, qui se sont gênés pour l'entretenir à Paris, jusqu'au jour où il a pu voler de ses propres ailes. Michel se regarde à tort comme une des causes des embarras d'argent de son père, dont les mauvaises spéculations ont amené la gêne. Le père et le fils ont eu à Longpont une conversation qui a déterminé chez Michel ces soudaines idées de fortune. M. Tourangeau, prenant son fils à part, l'a prévenu que le jour où il débuterait au barreau il trouverait, déposée chez un notaire, une somme de vingt mille francs, destinée à faire face aux premiers frais de sa carrière.

— J'avais les larmes aux yeux tant ce dévouement paternel me touchait, m'a dit Michel. Faute de dots, mes sœurs ne se sont pas mariées : mon père est gêné, et voilà un homme qui depuis longtemps s'impose de dures privations pour économiser vingt mille francs. J'ai supplié mon père de reprendre cette somme et de la faire fructifier; je lui ai dit combien, dans une petite ville, une dot minime peut amener de jeunes gens auprès de mes sœurs; mon père a été inébranlable. Mais je ne toucherai pas à cet argent, et je veux avant quelques années le décupler pour que mes pauvres sœurs, victimes d'un dévouement paternel exagéré, reprennent le rang qu'elles méritent.

— Voilà, a continué Michel, où peut conduire l'idolâtrie d'un père; sans s'en douter, il rétablit le droit d'aînesse et condamne ses filles au célibat : les barrières qu'il a dressées contre leur mariage, en les privant de dot, font qu'à l'exception de Julienne, mes sœurs sont tourmentées pour toute la vie par des imaginations que le mariage eût sans doute calmées. Il faut donc que je fasse une grande fortune pour réparer les torts de mon père.

Quoique tout entier à l'étude, et préoccupé par l'idée de son livre qui le rend étranger à tout ce qui se passe autour de lui, Michel n'a pas été sans remarquer au passage de mademoiselle Christine à Paris, combien peu son état s'était amélioré : et toujours cette idée le tourmente, qu'ayant nui, sans le vouloir, à l'établissement de ses sœurs, il doit leur en tenir compte un jour en leur faisant partager sa fortune. Belle et généreuse pensée qu'il ne sera pas besoin de réveiller, car elle est inscrite clairement dans les yeux de Michel. Quand il me parlait de ses sœurs, du dévouement de son père, je sentais la force des liens qui l'attachent à sa famille : et émus tous deux, nous nous sommes jetés dans les bras l'un de l'autre.

Ah ! l'amitié est réconfortante ! Je me suis plongé avec délices dans le travail, heureux d'échapper à la torpeur de la vie de Vichy. Avec quelle joie je suis entré en compagnie de Michel à notre petit restaurant de la place Saint-André-des-Arts ! Je regardais la devanture peinte en vert avec plus d'enthousiasme que la colonnade du Louvre. Les deux vieilles demoiselles qui tiennent cette laiterie m'ont reçu comme un enfant prodigue. Le chat lui-même venait se frotter contre mes genoux. Partout c'était la même fête, au cabinet de lecture où la maîtresse de l'établissement me connaît depuis si longtemps.

La place de l'École-de-Médecine ne m'a jamais paru si gaie, et je me suis découvert devant la statue du grand Bichat qui, d'un air mélancolique et plein de bonté, regarde la jeunesse turbulente qui s'agite dans la cour de l'École. On se crée ainsi une sorte de famille au sein de l'isolement : tout devient vivant et affectueux, jusqu'au bouquiniste revêche du passage du Commerce, qui d'habitude remet à leur place en grommelant les paquets de thèses que les étudiants feuillettent et qui m'a salué en me reconnaissant.

Souvent nous allions à la bibliothèque Sainte-Geneviève travailler le soir pour économiser la lumière et le chauffage. J'ai retrouvé comme de vieux amis les excentriques du quartier : un maniaque qui copie et recopie sans cesse le même livre depuis vingt ans; un autre chargé d'un gros sac qu'il porte aux cours publics et dans lequel il jette de petits billets sur lesquels il écrit : *Bien ! Très-bien ! Bien parlé ! Bien écrit ! Bien raisonné;* un vieil avare du quartier qui va à la bibliothèque pour se chauffer et digérer son maigre dîner avant de se coucher.

Je n'ai pu revoir ces gens sans émotion ; quelque chose m'aurait manqué si je ne les avais retrouvés.

Autant j'étais heureux d'entrer dans ma chère bibliothèque, autant j'ai été surpris le soir quand le concierge m'a remis une lettre dont j'ai reconnu aussitôt l'écriture. Mademoiselle Émelina se plaint de ma courte réponse ; elle accuse ma sécheresse de cœur et la voilà partie pendant douze grandes pages sur les exquises qualités de la femme, ses tendresses profondes et mille effusions que je me garde de montrer à Michel. Il se croirait complice des folies de sa sœur et en souffrirait. Sans doute ma réponse était froide ; mais puis-je monter sur les hauteurs où se tient mademoiselle Émelina, enveloppée de nuages ?

J'avais même espéré que ce billet couperait court à la correspondance ; mademoiselle Émelina, qui lit sans lire comme elle écrit sans réfléchir, n'aura pas remarqué que je lui disais combien, à Paris, mon temps serait pris par l'étude. Elle exige une réponse longue et détaillée, des excuses sur ma froideur, ou elle menace de ne me pas pardonner. Si la politesse ne m'y forçait, je saisirais cette occasion de rompre.

Je voudrais avoir la *Nouvelle Héloïse* sous la main; j'y prendrais, de côté et d'autre, quelques phrases qui produiraient le meilleur effet. Mademoiselle Émelina revient sans cesse sur la *femme idéale*, et je cherche en vain ce que peut être la femme idéale telle qu'elle l'entend. Peut-être se regarde-t-elle comme la femme idéale ! Mais elle ne rencontrera pas l'homme idéal qu'elle entrevoit dans son imagination.

J'ai répondu sur un ton plaisant en entremêlant le tout de phrases romanesques qui m'ont coûté de vifs efforts, et certainement la thèse qui doit me mener au doctorat ne me demandera pas plus d'application. Peu à peu, la manie de l'écriture me gagnait, et à deux heures du matin, j'avais écrit quatre longues pages. En me relisant, je m'aperçois que j'ai été influencé par la lettre de mademoiselle Émelina; car j'ai débuté par la raillerie pour arriver au romanesque, et conclure par quelques mots à peu près raisonnables.

Cette personnalité de *femme idéale* me préoccupait, et, vers la fin de ma lettre, le souvenir de mademoiselle Julienne, de sa vie de travail et de dévouement, s'est représenté tout à coup à mes yeux. Sans la nommer (est-il nécessaire de faire naître des jalousies entre les trois sœurs?) j'ai peint une femme idéale, douce, bonne, d'un caractère égal, veillant à l'entretien de la maison, sacrifiant les plaisirs du monde pour se vouer à l'intérieur, cachant un sens droit et une vive intelligence sous une certaine réserve et préférant la lecture de la *Cuisinière bourgeoise* à celle des romans. Là-dessus, je me suis endormi, riant de la grimace qu'une pareille conclusion arrachera à mademoiselle Émelina.

La réponse ne s'est pas fait attendre : deux jours après, je recevais une nouvelle lettre de Longpont.

Cette fois, mademoiselle Émelina m'a lu et compris. Je suis condamné à jamais comme un être matériel incapable de comprendre les femmes ; j'ai parlé en chirurgien qui, n'ayant jamais trouvé à l'amphithéâtre cette chose qu'on appelle l'âme, la nie et enlève à la femme son don le plus précieux. Mademoiselle Émelina m'accuse de vouloir faire de la femme une sorte d'esclave domestique, bonne tout au plus à surveiller le pot-au-feu. La *Cuisinière bourgeoise* lui a soulevé le cœur. Elle a été tellement offusquée à l'idée de ce livre « *graisseux* » qu'elle s'excuse de ne plus continuer une correspondance qui, dit-elle, me fatigue.

Je me reproche pourtant d'avoir poussé cette taquinerie un peu loin, car je ne voulais pas blesser mademoiselle Émelina qui, à part ses travers, possède quelques qualités. Si elle ne me priait de cesser cette correspondance, je lui aurais écrit un billet affectueux qui eût écarté tout nuage entre nous ; mais je respecte sa volonté, et quand Michel retournera à Longpont, je le chargerai d'obtenir mon pardon.

XII

J'ai donc repris mes travaux, oubliant ces incidents lorsque le lendemain le concierge m'a apporté une nouvelle lettre de mademoiselle Émelina. J'y lis avec étonnement qu'elle se repent de ses duretés, qu'elle a eu tort, qu'elle m'a mal compris, et qu'avant de clore cette correspondance, elle veut être assurée de mon amitié. Mademoiselle Émelina ne se pardonnerait pas de m'avoir blessé et de jeter de la froideur entre Michel et moi. — « Vous êtes deux frères, écrit-elle, et je demande à entrer en tiers dans cette tendre affection. »

Quel singulier vent a soufflé tout à coup ! En deux jours de distance, ce n'est plus la même femme; ma lettre a-t-elle été prise au sérieux? On dirait que mademoiselle Émelina a compris ma pensée à travers les lignes : « Non, vous n'êtes pas le matérialiste que vous voulez faire croire, dit-elle ; j'en ai pour preuve les liens qui vous attachent à mon bien-aimé Michel. Un homme capable d'une affection si pure, a des sentiments plus élevés qu'il ne le croit. »

Mademoiselle Émelina se plaint de ne pouvoir ouvrir son âme à ses sœurs qui, dit-elle, ne la comprennent pas. Et elle glisse un léger reproche sur le compte de mademoiselle Julienne, qui réserve toutes ses tendresses pour les poules de la basse-cour. Les soins du ménage l'ont rendue inaccessible aux affaires de cœur. Que tout soit en ordre dans la maison, la table mise à l'heure, voilà son but unique, dit mademoiselle Émelina, qui ne saurait se plier à cette vie, et ajoute que l'ordre à l'intérieur ne suffit pas à un cœur débordant d'affections. En même temps, elle joint quelques détails sur la vie de sa sœur depuis son retour de Vichy.

9.

La rencontre du missionnaire a développé outre mesure les aspirations religieuses de l'aînée. Maintenant mademoiselle Christine passe la majeure partie de sa journée à l'église : elle a converti sa chambre en chapelle, et le principal ornement est un tableau acheté à Lyon, qui représente un grand arbre noir et désolé dont chaque feuille porte le titre d'un péché. Dans son enthousiasme, mademoiselle Christine avait voulu placer cette peinture dans la salle à manger; mais M. Tourangeau s'y est opposé formellement, disant que cet arbre lugubre sentait la sacristie.

Chaque jour mademoiselle Christine rapporte quelque pieuse curiosité du même goût; une vieille dévote lui a fait cadeau d'une sombre gravure représentant une tête de mort et un sablier, qui ne poussent pas à des idées riantes, dit mademoiselle Émelina. De nombreux cadres sont accrochés aux murs de la chambre de la pauvre fille, qui se réveille avec la vue de reliquaires contenant dans de petits cornets des fragments d'os de saint Polycarpe et de la poussière du squelette de sainte Perpétue.

Mademoiselle Christine s'enferme aux heures où elle ne va pas à l'église : quand elle paraît à table, c'est pour y apporter une figure pleine d'indifférence. Préoccupée de sauver son âme, elle s'habille maintenant de noir, **laissant entendre que** c'est par contrition, et la famille tout entière est frappée d'inquiétudes. Où s'arrêtera mademoiselle Christine dans cette voie ? La tendresse qui unissait la mère à la fille va chaque jour diminuant, et ni les soins, ni les caresses, ni les bonnes paroles de madame Tourangeau ne peuvent lui ramener le cœur de mademoiselle Christine.

Quoique indifférent aux choses de l'intérieur, M. Tourangeau est entré un soir dans une vive colère contre sa femme et sa fille ; mademoiselle Émelina se plaint d'être victime de l'absence de son aînée, qui, pour assister à une conférence religieuse, n'avait pas paru à table. M. Tourangeau s'est emporté et a accusé sa femme **d'avoir mal** dirigé l'éducation de ses deux filles.

— Tu en as fait, a-t-il dit, deux êtres inutiles, et Dieu sait ce qui les attend dans l'avenir.

Mademoiselle Émelina a voulu se défendre.

— Taisez-vous ! s'est écrié le père ; vous et votre aînée, il faut que vous changiez de conduite.

C'est ce qui rend touchante la lettre de mademoiselle Émelina. Elle n'était pas habituée à s'entendre traiter durement par son père ; elle avait vécu jusque-là tranquille, se laissant aller à ses fantaisies, sans prévoir l'orage domestique qui allait éclater. Elle s'en est émue, et l'exemple de sa sœur, qui par sa conduite jette le trouble à l'intérieur, la fait réfléchir. Elle me demande des conseils, je ne saurai les lui refuser. Elle a sous les yeux un exemple de modestie et de travail ; qu'elle cherche à imiter mademoiselle Julienne ! Pourquoi mademoiselle Émelina n'assoupirait-elle pas son imagination par des travaux de femme, la broderie, la tapisserie, qui donnent de l'occupation à la main et endorment l'activité de la pensée ? Qu'elle espère un jour une situation meilleure qui la récompensera de ses efforts à se vaincre !

Sans livrer le secret de Michel, j'en ai assez dit pour laisser entrevoir à mademoiselle Émelina l'affection que son frère lui porte, et les espérances qui se réaliseront certainement un jour. Je n'avais pas à évoquer de lointains souvenirs pour rappeler à mademoiselle Émelina que j'avais pressenti à Vichy les troubles qui résulteraient des aspirations de mademoiselle Christine, et, sans m'en prévaloir, j'ai dit à mademoiselle Émelina qu'elle aussi méritait les reproches de son père ; mais je n'y reviendrai plus, jugeant par sa dernière lettre du retour qu'elle a fait sur elle-même.

XIII

Michel a reçu, il y a quelques jours, une lettre de sa sœur Julienne, qui lui fait part des dissensions intérieures de la famille. Loin d'accuser ses sœurs, l'excellente fille ne trouve pour elles que paroles de compassion ; mais Michel n'en a pas été moins ému. Pouvait-il se douter de la scission qui éclaterait dans cette maison jadis si heureuse ? J'y étais préparé par les lettres précédentes ; mais dans son ardeur au travail, Michel était loin de soupçonner cette crise. Pour le tranquilliser :

— Quand mademoiselle Christine, disais-je, aura épuisé jusqu'au bout l'accomplissement de ce qu'elle appelle *ses devoirs*, n'y trouvant pas le calme dont elle a soif, elle fera un effort sur elle-même et rentrera dans une tranquillité domestique qu'elle a fuie pour courir après des chimères.

« Les bras de ma mère lui sont ouverts, écrit mademoiselle Julienne, et l'ingrate repousse son affection. »

Avec sa vive intelligence naturelle, mademoiselle Julienne accuse nettement la portée de ces divisions, non pas vives et acharnées, mais sourdes e dangereuses.

Combien Michel était chagrin! Longpont était un port tranquille où son esprit fatigué allait se reposer par le souvenir. Il me parlait souvent du bonheur qu'il éprouvait à se retrouver à l'automne au milieu de ses sœurs, de sa mère et de son père si parfaitement unis. En arrivant à la maison paternelle, tout son être se détendait; il retrouvait la famille, lui qui pendant onze mois vivait dans l'isolement, écrasé par le travail. A peine avait-il franchi le seuil, qu'il respirait un calme rafraîchissant et qu'il se retrouvait à l'âge heureux où lui, ses sœurs et ses parents vivaient tous dans une harmonie parfaite. Ç'a été pour lui un déchirement que ces nouvelles.

La conduite de M. Tourangeau est au moins surprenante : s'étant prononcé nettement une fois, n'ayant pas été écouté, il laisse agir maintenant ses deux filles en toute indépendance et ne semble pas partager les angoisses de sa femme.

L'intérieur est divisé en deux camps : d'un côté, madame Tourangeau et mademoiselle Julienne; de l'autre, mademoiselle Christine, mademoiselle Émelina et leur père.

Comment M. Tourangeau a-t-il pu se ranger du côté du désordre, lui qui, il y a un mois, s'emportait si vivement contre les exagérations de ses deux filles ? Il faut l'attribuer à son esprit inquiet et sans cesse en mouvement qui a besoin par instant de se reposer dans une indifférence apathique.

M. Tourangeau ferme les oreilles aux justes récriminations de sa femme qui, blessée d'avoir perdu la confiance de ses filles, en souffre et s'en plaint.

Mademoiselle Julienne ne dit pas, et ceci je le devine, que son père sent, par sa propre expérience, combien les êtres voués par la nature aux caprices et aux tourmentes, ayant combattu inutilement pour les vaincre, sont pleins de pitié pour les tourmentes d'autrui, sachant que rien ne peut les en guérir. Ces deux excellentes femmes de *temperamentum temperatum* ne peuvent comprendre les secousses imprimées à tout instant à de frêles arbres nerveux. L'existence qu'elles rêvent tranquille est bouleversée par des troubles qui sans cesse éclatent dans la famille.

Michel lui-même n'est-il pas un exemple de ces constitutions mal équilibrées? Quoique soutenu par l'amour de la gloire, le travail, le désir d'acquérir assez de fortune pour rendre heureuses ses sœurs, il n'en est pas moins en proie à des abattements soudains contre lesquels il faut toute sa forte volonté pour réagir. L'abus du travail, la tension du cerveau amènent ces fatigues; alors, nous allons faire de grandes courses aux environs de Paris

Mademoiselle Émelina et mademoiselle Christine ont, comme leur frère, des aspirations à de hautes destinées ; si l'une rêve la gloire poétique, l'autre pense sans cesse aux saintes Thérèse et aux madame Guyon.

Par sa lettre, mademoiselle Julienne montre qu'elle et sa mère ignorent pourquoi leur père et leurs sœurs gravissent des montagnes, se perdent dans des sentiers impraticables et dédaignent la route droite qu'il leur semble si facile de suivre. La mère et la fille souffrent du désordre qui entre à deux battants dans leur existence : surtout l'indifférence que montre M. Tourangeau pour les écarts de ses deux filles est ce qui les a le plus blessées. Leurs adversaires sont trois ; elles ne sont que deux et succomberaient infailliblement si M. Tourangeau et ses deux filles n'avaient chacun des tendances opposées qui les empêchent de faire corps.

Ces trois alliés, réunis par l'amour de l'indépendance et le dédain des choses convenues, sont sans cesse en lutte. Les instincts du père se révoltent contre la mélancolie de mademoiselle Christine et le lyrisme de mademoiselle Émelina, qui affecte une pitié méprisante pour les convictions de sa sœur, tandis que celle-ci pleure sur l'incrédulité de sa cadette et prie pour effacer ses fautes. Et, cependant, quoique en hostilité, tous trois se groupent contre la raison, une citadelle où sont retranchées madame Tourangeau et mademoiselle Julienne.

Le moindre événement met l'intérieur en lutte, et mademoiselle Julienne conte à son frère la récente demande en mariage de mademoiselle Émelina. Un honnête employé de la sous-préfecture a rencontré mademoiselle Émelina à son retour de Vichy. C'est, dit mademoiselle Julienne, un jeune homme convenable de tous points, qui passe dans la ville pour un garçon d'avenir. Il a plusieurs fois dansé avec mademoiselle Émelina aux soirées du sous-préfet, et un matin est venu rendre visite à madame Tourangeau, en lui exposant le désir qu'il avait d'entrer dans la famille. La mère et la fille croient que cette union pourrait rendre heureuse mademoiselle Émelina ; mais, avant de lui en parler, madame Tourangeau a consulté son mari, qui a laissé carte blanche à sa femme pour continuer les négociations.

C'est alors que mademoiselle Émelina, instruite de la démarche du jeune homme, a jeté les hauts cris et s'est prononcée absolument contre ce mariage, déclarant qu'elle traiterait de la belle manière le malheureux employé qui avait l'audace de jeter les yeux sur sa personne. On eût dit une reine parlant de ses sujets.

— Mais tu n'as pas de fortune ! lui disait madame Tourangeau ; les partis sont rares pour les filles sans dot ; à vingt-six ans, une femme se fait vieille.

Et mille autres raisons sensées. Mademoiselle Émelina s'est retranchée derrière son intelligence, qu'un employé ne saurait comprendre. Et comme sa mère, à bout de raisonnements, appelait M. Tourangeau à son aide, le père, qui d'abord avait trouvé le parti convenable, a traité ce mariage avec indifférence, sans doute pour ne pas lutter contre sa fille. Profitant de cette tiédeur et pour mettre son père tout à fait de son parti, mademoiselle Émelina s'est écriée qu'*on* voulait la sacrifier, l'éloigner de sa famille. Bref M. Tourangeau a déclaré que ses filles étaient libres de se marier à leur fantaisie ou de rester à la maison.

XIV

J'avais cessé toute correspondance avec mademoiselle Émelina et je croyais la tranquillité rentrée dans la famille Tourangeau. Une après-midi, on frappe à ma porte; j'ouvre. Que vois-je? mademoiselle Émelina elle-même qui tombe dans mes bras.

— Ah! monsieur Lucien, quel bonheur de vous rencontrer!... Vous ne me dites rien?

— Mais, mademoiselle, expliquez-moi...

— J'étais si malheureuse à Longpont, je me suis sauvée.

— Sauvée! Que dira votre frère?

— Il ne faut pas qu'il connaisse mon arrivée,

— Mais vous êtes chez lui ; il peut rentrer d'un instant à l'autre.

— Je me cacherai.

Elle regardait de côté et d'autre.

— Mademoiselle, que pensera Michel ?

— Il me pardonnera quand il connaîtra toute la vérité.

— Que s'est-il passé ?

— Mon séjour était devenu impossible à la maison... Tout le monde était contre moi.

— Que prétendez-vous faire, mademoiselle ?

— Chercher une position.

— Une position !

— Vous ne m'abandonnerez pas, monsieur Lucien ?

— Mademoiselle...

— J'ai compté sur vous, qui êtes si bon.

Je me promenais à grands pas dans la chambre. Mademoiselle Émelina m'a pris la main.

— J'ai tant besoin de vos conseils.

— Ah ! mademoiselle, qu'avez-vous fait là ?

On a entendu des pas dans l'escalier.

— Voilà Michel ? ai-je dit afin de dégager ma main et en allant vers la porte.

— Sauvez-moi, monsieur Lucien ! s'écriait mademoiselle Émelina. Que Michel ne sache pas que je suis arrivée !

— Mademoiselle, je ne saurais m'engager à garder ce secret. La concierge vous a vue entrer ; votre frère le saura forcément ; demain, une lettre de sa famille lui apprendra votre fuite... Nous ne pouvons vous garder dans ce petit appartement.

— J'ai un logement, a-t-elle dit, dans l'hôtel garni en face, et j'ai guetté la sortie de mon frère pour vous voir.

— Mais, mademoiselle, avant deux jours on aura découvert votre retraite ; vous ne devez rien cacher à Michel.

— Gardez-moi le secret, monsieur Lucien, jusqu'à ce que j'aie reçu une lettre de mon père, à qui j'ai écrit.

— Il faut sortir de cette fausse position, mademoiselle.

— Mon père m'approuvera...

— Il viendra vous chercher.

— Non, monsieur Lucien ; il m'était impossible de vivre avec mes sœurs.

— Madame votre mère est si affectueuse !

— Autrefois, monsieur Lucien ; mais toute amitié est rompue à jamais ; on a voulu me marier.

— Je le sais.

— Ah ! que les hommes parlent froidement du mariage ! Et vous avez pu croire que je me laisserais enchaîner pour la vie à un homme pour lequel je ne ressens aucune sympathie ? Épouseriez-vous, monsieur Lucien, une femme dont la vue vous remplirait de chagrin ?

— D'après les lettres de mademoiselle Julienne...

— Croyez-vous aux lettres de ma sœur ? s'est écriée mademoiselle Émelina vivement. Vous ne la connaissez pas. Je lui ai conseillé de se marier avec l'homme qui me recherchait. Ils sont faits l'un pour l'autre, deux esprits positifs, un employé et une ménagère... Pourquoi ma sœur n'a-t-elle pas accepté ce parti ?

— Sans doute, mademoiselle, parce que ce jeune homme demandait la main de mademoiselle Émelina et non celle de mademoiselle Julienne.

— Ne me parlez plus de cette odieuse union, monsieur Lucien.

— Mais que prétendez-vous faire à Paris?

— Chercher mon indépendance.

— Votre indépendance, mademoiselle, quelle illusion!

— J'ai assez d'éducation pour me placer quelque part.

— Vous placer, mademoiselle! songez-y, c'est l'absolue abdication de l'indépendance que vous rêvez.

— Est-il donc impossible de gagner sa vie honnêtement?

— Que savez-vous faire? lui ai-je demandé.

Elle a paru surprise de la question, et, comme je lui témoignais l'embarras que me faisait éprouver sa position :

— Nous en reparlerons demain, a-t-elle dit. Vous viendrez me voir.

— Avec la permission de Michel.

— Vous êtes convenu de ne pas lui parler de mon arrivée avant la lettre de mon père. D'ici à demain, d'ailleurs, a-t-elle ajouté, j'aurai vu une parente sur laquelle je compte, et je vous dirai ce que nous aurons résolu.

Alors je l'ai reconduite. En effet, mademoiselle Emelina demeure dans l'hôtel voisin, où bientôt je l'ai vue me souriant à la fenêtre qui donne sur la rue. Dans quelle situation embarrassante me suis-je trouvé en réfléchissant à cette aventure! Je n'aurais pas dû promettre à mademoiselle Émelina de cacher à Michel son arrivée, même pendant deux jours. Garder vis-à-vis de mon meilleur ami un secret qui le touche de si près !

Je n'osais me retrouver en face de lui ; il me semblait qu'il devait lire dans mes yeux que je lui cachais quelque chose. Pour la première fois depuis que je vis avec lui, j'ai été dîner seul, afin de ne pas le rencontrer, et ce repas m'a paru amer. Il m'est si doux d'entendre Michel à table me faire part de ses travaux, de ses recherches, de ses découvertes de la journée ! Que pensera-t-il de mon absence ?

J'errais inquiet dans Paris, attendant minuit, pour trouver Michel endormi ; et toujours le souvenir de sa sœur me poursuivait. Enfin, il a fallu rentrer ; mais j'ai vu avec terreur une lueur à la fenêtre.

Michel m'attendait ! Que lui dire ? Inventer quelque motif qui m'a forcé de sortir, je ne le saurais ; il y a dans les yeux de Michel une telle pureté que le mensonge ne saurait y pénétrer. Lentement j'ai monté l'escalier ; mais Michel avait reconnu mon pas.

— Est-ce toi, Lucien ? s'est-il écrié.

Et il m'a regardé fixement.

— J'étais préoccupé, lui ai-je dit, j'avais peu travaillé cette après-midi, et je me suis promené longuement sur les quais pour dissiper ces inquiétudes.

— Tu aurais dû prévenir, m'a dit Michel, car je ne savais à quelle cause attribuer ton départ. Tout est bien, maintenant que je t'ai serré la main.

Heureusement Michel ne se doute de rien ; je lirais dans ses regards s'il avait connaissance qu'une femme soit entrée dans notre appartement, et je ne troublerai pas son sommeil en lui parlant de la fuite de sa sœur, qui peut-être, à cette heure, se repent de sa tentative d'indépendance.

En entendant dans la pièce voisine la calme respiration de Michel, je me disais que si j'avais accompli mon devoir, à cette heure un sommeil bienfaisant me récompenserait de n'avoir pas accepté ce secret qui me pèse. J'ai été facilement réveillé pour aller à l'hôpital, ayant à peine fermé les yeux de la nuit. A quels remords peut entraîner la plus légère faute ! Moi qui sortais d'habitude le matin, la tête libre, le corps dispos, je me sens la vue fatiguée ; une sorte de malaise s'est emparé de toute ma personne, et je ne suis pas dans un état à suivre attentivement la visite au chevet des malades.

Ce n'est pas tant l'entrevue d'hier qui me coûte que celle d'aujourd'hui. Quelle imprudence à une jeune fille habitant un hôtel garni, où tout se sait, de me recevoir, moi qu'on a peut-être vu sortir de la maison d'en face ! Et quand même les gens de l'hôtel ne me connaîtraient pas, est-il permis à une jeune fille qui s'enfuit de la maison paternelle de recevoir un jeune homme ? N'est-ce pas m'associer à une grave faute ? Mais je me suis dit que mademoiselle Émelina aurait vu sa parente, et que sans doute elle en recevrait de tels conseils qu'elle comprendrait son imprudence. Peut-être cette parente lui a-t-elle offert un asile en attendant une décision. Toutes ces pensées me trottaient par la tête et ce que j'avais prévu arriva : au milieu de mes camarades, en plein hôpital, je n'ai vu ni malades, ni médecins, mais toujours mademoiselle Émelina.

Je suis rentré à la maison, impatient et tourmenté. Suivant sa légèreté habituelle, mademoiselle Émelina se trouvait à la fenêtre sans prendre garde que Michel pouvait l'apercevoir. Heureusement, ses occupations l'appelaient au dehors. Pourtant mademoiselle Émelina paraissait moins animée que de coutume, et quelque chose de si suppliant se lisait dans son regard que tout de suite j'ai obéi à son invitation.

— Ah! monsieur Lucien, s'est-elle écriée, que vous êtes bon d'être venu!

Et elle me serrait les mains avec une sorte d'attendrissement. J'étais resté debout; elle m'a fait asseoir sur un mauvais canapé en velours jaune, unique ornement de cette petite chambre mal éclairée.

— Écoutez-moi, a-t-elle dit; je vous dirai tout.

Je ne sais pourquoi je lui obéissais sans répondre. J'étais ému malgré moi; sa tristesse, la pauvreté du mobilier m'inspiraient de la pitié.

— Vous avez vu votre cousine, mademoiselle?

— Ah! monsieur Lucien, qu'elle m'a mal reçue!

Mademoiselle Émelina avait des larmes dans la voix et baissait la tête.

— Du courage, mademoiselle, il en faut!

Elle ne répondait pas et j'étais embarrassé de mon rôle, car elle pleurait et de grosses larmes tombaient sur le carreau. Assise en face de moi, mademoiselle Émelina se repentait à cette heure, et je partageais son chagrin. Je lui pris doucement la main ; mademoiselle Émelina poussa un profond soupir.

— Mademoiselle, tout n'est pas désespéré, si vous reconnaissez votre faute.

— N'ai-je pas perdu l'amitié de ma mère, de mes sœurs ? Je suis abandonnée de tous.

Elle sanglotait, et ses larmes coulaient sur ses joues ; malgré mes efforts, je sentais son attendrissement me gagner.

— Je n'ai que vous pour ami ! s'écria-t-elle en me serrant les mains.

— Oui, mademoiselle, vous pouvez compter sur moi.

— Vous ne m'abandonnerez pas, monsieur Lucien ?

— Ni moi ni votre frère.

— Oh ! laissez-moi pleurer encore.

Et je n'osais remuer, quoique sa tête touchât ma poitrine et me brûlât. Elle resta ainsi pendant quelques secondes, m'entourant de vagues et douces odeurs qui me troublaient comme un bouquet. Je sentais tout son corps se ployer, se détendre pour ainsi dire, et elle était presque à mes genoux.

— Ah ! monsieur Lucien !

De temps en temps elle coupait le silence par de vagues exclamations :

— Mon ami ! mon sauveur !

Inquiet de cet état, je gardais le silence.

— Vous êtes mon ami, monsieur Lucien ?

Je protestai de mon affection.

— Vous me pardonnez ?

— Oui, mademoiselle.

Avant que j'eusse pu faire un mouvement, elle vint s'asseoir à mes côtés sur le canapé, et d'une voix attendrie et suppliante :

— Mon cœur est trop plein, il déborde... Lucien, j'ai tout quitté pour vous, mon ami de cœur; c'est vous que j'aime.

— Mademoiselle ! m'écriai-je...

— Oh ! dites que vous m'aimez... Ne me repoussez pas, j'en mourrais !

Je ne savais que répondre à ces folles paroles suivies de vives étreintes de mains.

— Oui, Lucien, depuis que je vous ai vu pour la première fois, mon cœur a ressenti des émotions inconnues... J'ai essayé de combattre cette passion, mais elle était plus forte que ma volonté. Depuis quinze mois, votre image ne m'abandonne plus. Lucien, Lucien...

— Mademoiselle, je vous en prie...

Mais mademoiselle Émelina n'écoutait plus; elle voulait me faire avouer que je partageais sa flamme. Je fis un effort pour me dégager de ses étreintes.

— Écoutez-moi, Lucien, je vous en supplie; ce n'est pas une femme gênante que vous aurez à vos côtés, c'est une esclave dévouée, ne vivant que pour vous...

Et, comme je me taisais :

— Mon Dieu! que faut-il faire pour vous attendrir?

J'avais réussi à me lever du canapé : elle me prit le bras, et vraiment elle avait en ce moment une force telle que je retombai assis à la même place. Mes tempes battaient, mes yeux se troublaient ; une émotion extraordinaire s'était emparée de moi.

Tout à coup le souvenir de Michel vint à mon secours.

— Mademoiselle, dis-je en faisant un vif effort, pensez où cette passion pourrait nous entraîner.

D'un mouvement brusque je me dégageai de ses mains. Il y avait au milieu de la chambre une petite table ; une fois derrière ce rempart, ayant recouvré mon sang-froid, j'entrepris de ramener mademoiselle Émelina à des sentiments plus raisonnables. Elle tenta de nouveau de se rapprocher de moi ; mais la table nous séparait. Alors elle changea de tactique et dit qu'elle n'avait pas été maîtresse de modérer ses transports, mais qu'elle me comprenait depuis que je lui avais ouvert les yeux à Vichy en lui faisant entrevoir dans l'avenir une heureuse union avec moi.

— Une union avec moi, mademoiselle. Je vous parlais d'un honnête homme, d'une position modeste, qui aurait fait votre bonheur à Longpont.

— Jamais je ne retournerai à Longpont, s'est-elle écriée, et je n'épouserai jamais d'autre homme que vous !

Ne voulant pas la brusquer :

— Mes études ne seront pas terminées avant un an.

— J'attendrai, dit-elle.

— Il me faudra encore bien du temps pour me faire une position.

— Mon Lucien ne vaut-il pas mieux que la fortune ? s'est-elle écriée.

J'étais battu, mais je tenais à quitter cette dangereuse petite chambre.

— Il y a trop longtemps déjà que je suis ici, mademoiselle; on le remarquerait dans l'hôtel et votre réputation pourrait en souffrir.

— Que m'importe ce que pense le monde, s'écria mademoiselle Émelina, si mon Lucien m'aime !... Oh ! Lucien, dites, m'aimez-vous ?

Je ne savais que répondre

— Je ne vous laisse pas sortir que vous ne m'ayez fait connaître l'état de votre cœur.

— L'amitié que je porte à Michel, mademoiselle, a rejailli sur tous les membres de sa famille.

— L'amitié ! dit mademoiselle Émelina ; il ose me parler d'amitié !... Ah ! vous ne m'aimez pas.

Elle dit cela avec un tel ton que je compris que je ne sortirais pas si j'appuyais encore sur le mot amitié. Je la suppliai de ne pas se compromettre dans cet hôtel ; elle ne m'écoutait pas, et en ce moment sa volonté m'inquiétait, car je retrouvais en elle, tournée vers la passion, la même volonté que Michel apportait à ses recherches.

Tous deux debout, nous étudiant du regard, j'étais presque magnétisé par ses yeux noirs traversés par une flamme impétueuse.

Alors je feignis d'entrer dans les idées de mademoiselle Émelina, et de ne pas repousser l'union qu'elle m'offrait dans l'avenir, à condition toutefois qu'elle rentrerait dans la vie commune, qu'elle obtiendrait le pardon de ses parents, et qu'elle tendrait à une position régulière. Mademoiselle Émelina promit de suivre mes conseils et me fit jurer de revenir le lendemain, car elle avait à me rendre compte d'une nouvelle entrevue avec sa parente.

— Soit, dis-je ; mais pas ici.

— Où vous voudrez, Lucien.

— Dans le jardin du Luxembourg, à midi précis, sous l'horloge.

Au moment où j'allais sortir, mademoiselle Émelina me tendit un petit papier que j'essayai d'ouvrir.

— Non, dit-elle, pas devant moi.

Je descendis l'escalier plein d'émotion et, pour me remettre, je courus au Luxembourg, où, dans une allée solitaire, je décachetai le billet qui contenait une longue pièce de vers pleine de mon nom. Lucien amenait inévitablement les rimes de *bien* et de *rien*. *Lucien* était son seul *bien :* sans *Lucien* elle n'était *rien*. *Constance, espérance, amours, toujours, passion, compassion, larmes, alarmes, fleurs* et *pleurs* revenaient à tout instant.

Si je n'avais été inquiet des suites de cette

affaire, j'aurais ri de ces étranges et subites tendresses ; mais la figure sévère de Michel m'apparaissait et semblait me demander compte de ma conduite. Aussi quelle imprudence d'aller rendre visite à mademoiselle Émelina dans ce petit hôtel!

— Heureusement, me disais-je, demain sans doute M. Tourangeau viendra chercher sa fille, ou il aura écrit une lettre pour la rappeler à lui.

Dans la soirée, en pensant à ce nouveau rendez-vous, j'étais tenté de changer de quartier, d'abandonner Michel sans le prévenir, de quitter Paris. Il m'a fallu hier une certaine force pour ne pas succomber. Quand je revois mademoiselle Émelina sanglotant à mes genoux, et le trouble singulier qui m'agitait, je frémis!

Au dîner, Michel m'a tendu la main avec une cordialité touchante, comme pour me reprocher de l'avoir quitté la veille ; en ce moment, ma conscience révoltée se soulevait et criait au dedans de moi : « Avoue ton imprudence! » mais je ne sais ce qui m'a retenu. Je n'ai rien dit et j'ai regardé

Michel, qui me semblait plus grave et plus pâle que de coutume. Le travail creuse ses yeux et ses joues, y laissant quelque chose d'un sérieux indéfinissable.

Michel n'a pas la finesse de traits de ses sœurs, dont l'une a pris la santé joyeuse, l'autre la beauté mélancolique, et la dernière une sorte d'exaltation poétique. Michel, quand je le connus, était plutôt d'une physionomie commune que distinguée ; il tient de son père un certain côté bourgeois dans la figure comme dans la personne ; à cette époque, une femme, au premier coup d'œil, l'eût pris pour un homme ordinaire. En moins de trois ans, le travail l'a transfiguré ; il est devenu beau. Michel est embelli par la flamme qui court dans ses yeux, une flamme fiévreuse qui se communique à ses gestes et à ses paroles. C'est alors qu'épuisé par le travail de la journée, il se laisse aller à ses idées d'avenir; mais, ce jour-là, je souffrais en pensant à la folle escapade de sa sœur, si éloignée du noble but auquel tend Michel.

J'avais prétexté de la fatigue pour rentrer plus

tôt à la maison, et je jetai dans la rue cette pièce de vers qui me faisait trembler comme si j'avais volé quelque objet.

— Demain, me suis-je dit, je parlerai fermement à mademoiselle Émelina. Et avant de m'endormir, j'ai ruminé les sages conseils que je devais donner à la sœur de mon ami.

Le matin, la concierge est venue mystérieusement m'apporter un petit paquet cacheté, qu'heureusement Michel n'a pas vu. Quand j'ai été seul, j'ai brisé le cachet et j'ai trouvé une toute petite boîte carrée; dans la boîte, ces simples mots : *A mon ami Lucien!* et une bague sur laquelle sont gravés un L et un E.

Une bague! Mademoiselle Émelina ne connaît pas la portée d'un tel symbole. Croit-elle sérieusement à notre union future? J'avais espéré que ma froideur la désillusionnerait. J'ai été tenté de renvoyer la bague, brisée; mais ne serait-ce pas trop brutal? Ah! dans quels tourments me plonge une femme aventureuse!

A l'heure indiquée, je me suis dirigé du côté du

Luxembourg, lentement et à regret. J'aurais voulu être frappé par un accident subit, qui m'empêchât de me rendre au rendez-vous. Je suis singulièrement ému de me sentir entraîné, sans que ma volonté puisse s'y opposer. Si Michel me rencontrait! En chemin, je me disais que je faisais mal, et cependant chacun de mes pas me rapprochait du jardin. Mon cœur battait et, en franchissant la première grille, j'avais l'espérance que, par une circonstance quelconque, mademoiselle Émelina ne s'y trouverait pas; mais une femme voilée que j'aperçus sous l'horloge vint à moi et s'empara de mon bras.

— Cher Lucien!

— Mademoiselle, nous ne pouvons rester ici.

— Je vous suivrai partout, cher Lucien.

Je la conduisis sous les grands arbres, du côté du théâtre, qui est la partie la plus solitaire du jardin.

— Avez-vous des nouvelles de Longpont, mademoiselle?

— Une lettre de mon père

— Eh bien ?

— Il approuve mon départ.

— Vraiment ?

— Lisez.

M. Tourangeau n'approuve pas absolument cette fuite, comme mademoiselle Émelina le dit ; mais les dissensions amenées dans la famille par les deux sœurs ont fait que le père envisage la détermination de sa fille comme presque nécessaire.

La minorité, fière de son bon sens, avait pris le dessus. Madame Tourangeau et mademoiselle Julienne, après avoir longtemps subi les caprices et les fantaisies de trois êtres inquiets, se sont gendarmées d'un joug contre lequel leur esprit droit se révoltait ; et M. Tourangeau annonce des luttes sans relâche à l'intérieur, un enfer domestique auquel mademoiselle Émelina a échappé.

Cet homme singulier ne semble pas se douter de la position difficile que mademoiselle Émelina se prépare à Paris. Il lui donne quelques conseils, s'engage à ne pas l'abandonner, promet de lui écrire, lui enverra de temps en temps de l'argent, et paraît se débarrasser du soin de sa fille en chargeant Michel de la diriger. Je reconnais bien là l'homme tel que je l'ai vu à Longpont. Il regarde Michel comme le protecteur naturel de sa sœur et se décharge l'esprit de pensées fâcheuses, sans se demander si Michel est libre de surveiller une jeune fille.

— Vous viendrez voir votre frère? ai-je dit à mademoiselle Émelina.

— Demain, a-t-elle répondu.

— Aujourd'hui.

— Lucien, laissez-moi ma liberté encore jusqu'à demain ; je me sens si heureuse !

Nous nous promenions sous les arbres sans parler, tant je craignais le retour des folles déclarations de la veille.

— N'avez-vous rien reçu, cher Lucien? me demanda tout à coup mademoiselle Émelina.

— Pardonnez-moi, mademoiselle... j'oubliais de vous en parler.

— Oublier ! s'est-elle écriée d'un ton de reproche.

— Je ne puis accepter cette bague, et je vous prie, mademoiselle, de ne pas vous formaliser si je vous la rends, lui ai-je dit.

— Ainsi vous n'en voulez pas? a-t-elle repris en rougissant.

— C'est un engagement trop sérieux, mademoiselle.

Elle a quitté immédiatement mon bras, a repris la bague, et, sans me dire adieu, s'est éloignée vivement, me laissant honteux et irrésolu, car il m'eût été facile de la rejoindre ; mais tout d'abord j'ai été si heureux de cette vive résolution, que je n'ai pas voulu chercher de nouvelles explications. Ce que j'aurais à peine fait entendre par des paroles ambiguës et polies, elle l'a compris par ma froideur ; mais ne fallait-il pas souffler sur de folles illusions pour les éteindre tout à coup? Et cependant, peu après mon amour-propre a souffert d'avoir été quitté si nettement. Mademoiselle Émelina a montré plus de caractère que je ne lui en soupçonnais. Les hommes sont presque aussi *coquettes* que les femmes : il ne leur déplaît pas d'être aimés, même par une femme qui leur est indifférente ; mais bientôt j'ai souri de cette faiblesse, et je me suis promené plus calme, comme un homme déchargé d'un grand poids.

En revenant, j'ai trouvé Michel en compagnie de sa sœur, qui m'a froidement salué comme si elle ne m'avait pas vu ce jour-là, si froidement même que je craignais que Michel ne remarquât cette comédie. Son air sévère faisait deviner l'entretien qui avait dû naturellement rouler sur des matières sérieuses. Michel est soucieux du mandat que lui a confié son père ; il aime ses sœurs ; mais il aime encore plus le travail, et l'arrivée de mademoiselle Émelina l'aurait troublé certainement davantage, s'il n'avait pris aussitôt son parti.

Après notre modeste dîner, auquel a assisté mademoiselle Émelina, Michel m'a prié de l'excuser s'il me quittait, car il devait aller en compagnie de sa sœur chez une parente qu'il voit rarement, mais qui, ayant de l'affection pour sa famille, s'intéressera certainement à mademoiselle Émelina.

J'ai attendu Michel le soir, non sans inquiétude, car je craignais qu'avec sa légèreté habituelle, mademoiselle Émelina ne lui eût laissé soupçonner qu'elle m'avait rencontré depuis deux jours. Ces sortes de mystères entre amis intimes deviennent souvent la cause de ruptures que rien ne saurait faire oublier; mais Michel est revenu la figure ouverte comme d'habitude.

— J'ai placé Émelina, m'a-t-il dit, auprès d'une tante qui a une fille de quinze ans à élever et je n'ai pas voulu que ma sœur rentrât à l'hôtel. Comprends-tu, Lucien, qu'elle était depuis hier en face de nous sans nous avoir prévenus? Je lui ai fait entendre qu'elle avait besoin d'un patronage pour rester à Paris, et puisque mon père s'est montré assez faible pour excuser sa fuite, il était de mon devoir de veiller sur elle. Notre tante est une honnête femme qui offre de la garder auprès d'elle; sa fille est bien élevée. Émelina complétera son éducation, en attendant qu'elle prenne un parti, dont le plus raisonnable sera de retourner auprès de ma mère.

Un mois de séparation amènera, je l'espère, une réconciliation désirable. Émelina va ressentir à Paris les tristesses de l'isolement : son coup de tête la fera se souvenir de la vie facile qu'elle menait en famille ; ma mère et ses sœurs seront les premières à la rappeler. Enfin tout s'arrangera pour le bonheur de chacun.

XV

Nous avons reçu de Longpont, à la suite du départ de mademoiselle Émelina, quelques lettres de mademoiselle Julienne, pleines de tristesse. M. Tourangeau et sa femme s'accusent l'un et l'autre du coup de tête de leur fille ; et quoique M. Tourangeau prenne le parti de mademoiselle Émelina, et répète sans cesse qu'elle a bien fait de quitter la maison paternelle, il souffre de la disparition de sa fille chérie.

Tous deux se comprenaient, malgré la différence de leurs caractères ; mademoiselle Émelina accompagnait souvent son père dans ses courses au dehors. Ç'a été une privation pour M. Tourangeau, qui, n'ayant point de contact avec sa fille aînée, avait trouvé dans mademoiselle Émelina un compagnon à qui il se confiait et qui laisse maintenant le vide dans sa vie.

Ce départ n'a pas amené le calme dans la famille, au contraire : ce ne sont que récriminations de part et d'autre. M. Tourangeau accuse sa femme d'avoir poussé sa fille à cette extrémité. Des tiraillements, des querelles, des menaces de quitter Longpont et de rejoindre mademoiselle Émelina pour vivre avec elle, telles ont été les paroles de M. Tourangeau, injustes et amères. Mademoiselle Julienne essaye de consoler sa mère qui en souffre, en lui montrant un avenir plus calme quand la première impression de ce départ sera effacée.

Avec la mobilité de l'imagination de M. Tourangeau, on pouvait compter que bientôt il oublierait l'abandon de sa fille ; mais mademoiselle Christine, au lieu de chercher à éponger les chagrins de son père, a introduit un nouvel élément de discorde en s'élevant vivement au nom de la religion contre une détermination si aventureuse. Elle pleure, elle prie sans cesse pour sa sœur, la dit perdue, ne cesse d'interroger les prêtres sur la faute de mademoiselle Émelina, et, croyant l'expier par une conduite exemplaire, en est arrivée à des privations et des jeûnes exagérés qui ont altéré sa santé.

Jusqu'alors son père l'avait laissée libre de pratiquer comme elle l'entendait ; elle allait à l'église de grand matin, y retournait dans le jour, s'y oubliait le soir ; M. Tourangeau n'y voyait pas à redire. Mais quand mademoiselle Christine a été forcée par ordre du médecin de ne pas quitter sa chambre, une procession de gens d'église a envahi la maison. On était dans le carême, et mademoiselle Christine avait exagéré tellement les jeûnes prescrits, que de vives souffrances lui permettaient à peine de se nourrir ; en même temps le froid la saisit à l'église les soirs où elle allait assidûment aux sermons d'un prédicateur étranger, de passage à Longpont. Hors d'état de sortir, mademoiselle Christine a fait prier ce prédicateur, qui est un jésuite du Mont-Carmel, de venir lui rendre visite. Elle voulait se confesser, et le missionnaire, suivant la règle de son ordre, a amené avec lui un autre prêtre.

Mademoiselle Christine a demandé à ne pas faire entendre sa confession devant deux personnes ; le prêtre est resté dans le corridor. C'est alors que M. Tourangeau, en rentrant, a vu un prêtre à genoux à la porte de la chambre de sa fille. Il est descendu immédiatement, est entré dans une violente colère contre sa femme et l'a menacée de ne plus revenir à la maison s'il devait y rencontrer de telles figures.

Jamais M. Tourangeau ne s'était laissé entraîner à de tels éclats. Pendant qu'au premier étage sa fille priait et demandait à un prêtre l'absolution de ses fautes, en bas M. Tourangeau frappait la table du poing et repoussait brusquement sa femme qui essayait d'atténuer sa colère pour que le bruit n'en parvînt pas jusqu'au premier étage.

— C'est à elle que je le dirai! s'écriait-il en parlant de sa fille aînée. Qu'elle sorte d'ici, qu'elle entre au couvent ; je ne veux pas que ma maison soit changée en sacristie !

Et cela avec une voix pleine de tempête qui faisait craindre quelque scandale. Madame Tourangeau et mademoiselle Julienne barraient le chemin de l'escalier, craignant que tout à coup le père ne s'élançât au premier étage et n'en chassât le jésuite du Mont-Carmel.

Une heure d'angoisses s'est ainsi passée ; après quoi M. Tourangeau est sorti pour calmer sa colère, mais combien en souffre sa femme qui les supporte! Ces accès passés, M. Tourangeau craignant lui-même sans doute leur retour, devient sombre. On n'en peut tirer une parole ; et comme il est rare que la personne contre laquelle il a des griefs en supporte l'amertume, dans son emportement, M. Tourangeau s'en débarrasse en le faisant subir à sa pauvre femme qui n'y peut rien. Elle a ainsi été victime de la fuite de mademoiselle Émelina et de la maladie de mademoiselle Christine ; mais, cette fois, madame Tourangeau s'en est expliquée avec son mari, et la colère du père a eu pour résultat que mademoiselle Christine, pour ne pas amener de nouvelles scènes qui pourraient atteindre les prêtres qu'elle reçoit, a suivi, dès lors, les prescriptions des médecins, afin de rétablir sa santé et de pouvoir se rendre plus tôt à l'église.

Mademoiselle Julienne attribue les pieuses exagérations de sa sœur à un certain volume qu'elle a rapporté de Vichy, et que madame Tourangeau a lu sans le comprendre ; à ce propos, elle écrit une phrase qui montre son grand sens.

« Ma mère, dit-elle, est une femme charitable, d'une piété très-grande, bien entendue et pour laquelle elle ne néglige aucun de ses devoirs ; elle fait tous les jours une lecture de piété, mais simplement dans l'*Imitation* et dans la *Vie des Saints*, et jamais dans des livres profonds qui vous mettent l'esprit en émoi. »

On rencontre dans les lettres de mademoiselle Julienne de ces observations qui étonnent chez une femme occupée des soins du ménage ; mais comme elle aime sa sœur, que son esprit est frappé des troubles que peut apporter une imagination trop ardente, elle pense, se demande comment on pourrait guérir mademoiselle Christine, et l'amitié qu'elle lui porte fait qu'elle entre pour ainsi dire dans les pensées de sa sœur, qu'elle cherche à les ressentir, comme ce célèbre médecin qui, voulant essayer certains moyens de guérison, s'était inoculé de dangereuses maladies.

La dévotion exaltée de mademoiselle Christine n'est pas exempte d'orgueil. Malgré la sincérité de ses croyances, peut-être se glisse-t-il quelque secret désir d'être la plus pieuse de Longpont, citée comme telle et donnée en exemple aux femmes de la ville. Sans souligner cette nuance, mademoiselle Julienne fait remarquer qu'on ne parle dans le pays que de la piété de sa sœur; affiliée à toutes les œuvres de bienfaisance, elle se ruine en aumônes, s'installe au chevet des malades, et a mérité d'attacher son nom à celui de madame de Chantal.

— C'est un beau rôle, s'écrie tristement mademoiselle Julienne; pourquoi faut-il que la charité de ma sœur amène des dissensions entre notre père et nous?

Tout devient matière à discussion, madame Tourangeau était d'une économie sublime de mère qui se prive de tout pour élever ses enfants ; mademoiselle Julienne l'aidait dans cette tâche. Je le vois dans ses lettres à mademoiselle Émelina où elle lui raconte (ce qui ne doit guère intéresser cette dernière) comment elle a refait une certaine robe verte avec des débris d'ancien corsage pour le changer en un à basques ; et, dit-elle, « la robe ainsi paraît neuve. »

Mademoiselle Christine devant quêter à l'église, sa sœur brode pour elle un col en application afin de rivaliser avec la toilette d'une autre quêteuse dont les volants « ont des jours magnifiques. » — Je voudrais pouvoir en faire autant, s'écrie mademoiselle Julienne ; mais mademoiselle Christine n'a pas paru remarquer les attentions de sa sœur. Elle avait un chapeau « d'un an » qu'elle n'aime plus à porter et qu'elle désire garder cependant. Comme il était question de remplacer les anciens rubans par de plus frais : — Je n'ai pas encore parlé toilette à mon père spirituel, a dit mademoiselle Christine, je ne sais ce qu'il en pense. Il faut que je lui demande son avis.

Mademoiselle Julienne et sa mère sont froissées à chaque instant par des minuties de ce genre : toujours les prêtres interviennent à propos de robes, de nourriture, etc. Mademoiselle Christine n'a pas une pensée qu'elle ne songe à la communiquer à son directeur ; elle n'a plus confiance en ses parents.

Si elle écoute ce qui se dit autour d'elle, c'est pour le répéter au confessionnal, dont elle revient le plus souvent accablée, car la moindre faute engendre de cruels remords. Alors, épouvantée de ne pouvoir arriver à la perfection idéale, elle se laisse aller à un complet abattement, s'enferme dans sa chambre, ne paraît plus aux heures des repas, et il faut l'énergique sollicitude de mademoiselle Julienne pour triompher de cette atonie.

En voyant sa fille dans cet état, M. Tourangeau s'irrite sourdement. Quand mademoiselle Christine descend à table, il s'éloigne, craignant de ne pouvoir se contenir, et chacun se sent gêné, comprenant les sentiments violents qui couvent et peuvent amener à tout instant une crise redoutable.

Telle est la situation de la famille depuis que mademoiselle Émelina a quitté la maison, et je crains qu'elle, non plus, n'ait pas trouvé le bonheur dans le nouveau sort que lui a amené son vif désir d'indépendance. Nous la voyons une fois par semaine, le dimanche. Elle se plaint beaucoup de sa tante, dont elle fait une sorte de caricature bourgeoise, qui passe sa vie à combiner l'invention d'un certain *bleu* pour empêcher le linge de jaunir. Mademoiselle Émelina n'est occupée que de nettoyage de broderies toute la journée ; elle est tombée, dit-elle assez plaisamment, dans l'amidon, car sa tante, préoccupée de populariser ce fameux *bleu*, emprunte les bonnets, les cols et les dentelles de ses voisines pour prouver combien son *bleu* l'emporte en *blancheur* sur celui des meilleures repasseuses de fin.

Madame Proche (c'est le nom de la tante) a l'orgueil de son *bleu*. Tout le quartier du Temple ne parle que du *bleu* de madame Proche. Certaines voisines jalouses ne reculeraient pas devant un crime pour connaître les secrets du *bleu* de madame Proche.

Mademoiselle Émelina est amusante à entendre quand elle récrimine contre le *bleu* de sa tante. Michel lui-même en sourit.

— Tu as voulu goûter de Paris, lui dit-il.

Alors mademoiselle Émelina me prend pour défenseur, car elle ne m'a pas gardé rancune. Il y a toujours un secret entre nous deux; ses regards, son air suppliant, ses manières de chatte, me le font assez connaître.

Michel s'éloigne-t-il un moment, elle se rapproche de moi, laisse échapper un soupir, et je ne sais quelle contenance garder. Craignant qu'un mot n'amène une effusion de sentiments contre lesquels je me tiens en garde, je prends à tâche de ne pas sortir des banalités de la conversation; un jour cependant, je n'ai pu comprimer le vif désir qu'elle nourrit, qui est de vivre près de Michel. C'était une sorte d'appui qu'elle réclamait de moi pour l'instant où elle formulera sa demande nettement, n'osant faire part tout d'abord à son frère de ses secrètes espérances; mais je lui ai dit combien Michel était éloigné de ces idées.

— Vous me laisserez donc m'exiler à l'étranger ? s'est-elle écriée.

— Vous exiler, mademoiselle !

— Mon parti est pris, m'a-t-elle dit. Ma position n'est pas tenable chez ma tante; ce n'est pas le sort que j'ai rêvé; je veux conquérir mon indépendance.

En ce moment Michel rentrait, et nous n'avons pas continué la conversation.

XVI

Enfin, je suis reçu docteur ! Ce jour-là, j'ai embrassé Michel. C'est lui qui m'a donné l'amour du travail, et qui, par son exemple, m'en a fait connaître le charme : dans les derniers jours qui ont précédé mon examen, j'en étais arrivé à sauter du lit et à me plonger dans l'étude comme dans un bain rafraîchissant. Quelle joie que le travail ! Jamais je n'ai été plus gai qu'en travaillant dix-huit heures par jour, et encore les six heures que je donnais au sommeil n'étaient pas entièrement perdues.

Mon travail se continuait la nuit ; je suivais le mouvement des idées, qui s'accrochaient les unes aux autres facilement et sans fatigue. Il me semblait voir une montre ouverte dont le mécanisme compliqué fonctionne avec régularité.

Rien n'est plus intéressant que la circulation du sang, telle qu'on la démontre aux gens du monde en ouvrant une grenouille et en éclairant les parties les plus délicates au moyen de projections électriques. Ainsi, je suivais pendant mon sommeil la circulation des idées. Elles affluaient avec tant de vivacité, se présentaient si claires et si nettes, que j'étais forcé de sauter de mon lit pour les jeter sur le papier, tant j'avais peur de les perdre.

Le travail me payait de mon assiduité en mâchant la besogne la nuit. J'ai d'autant plus été frappé de ce phénomène que je dors lourdement, sans rêver, ou du moins sans avoir conscience de mes agitations nocturnes. Aussi, combien étais-je heureux d'avoir conquis ce sommeil transparent où l'être endormi sent la vie se continuer claire et légère. Je donnerais tout au monde pour rentrer en possession de cette clairvoyance dans le sommeil, mais elle m'a quitté depuis mon examen : sans doute le peu de nourriture que je prenais alors (je buvais du bouillon toute la journée pour avoir le cerveau net), l'application que je portais à ma thèse m'avaient dématérialisé et enlevé une certaine lourdeur de sang.

Mademoiselle Émelina est revenue à la charge pour que je prie son frère de l'autoriser à demeurer auprès de lui; Michel a repoussé vivement cette demande, et il a eu à ce sujet une explication qui a dû être pénible pour sa sœur. Jusqu'alors il avait subi les caprices de mademoiselle Émelina, libre de ses actions; mais, cette fois, la pauvre fille se jetait en travers d'un esprit droit, réfléchi, qui, par sa conduite irréprochable, s'est cru le droit de faire entendre à sa sœur de sévères vérités. Entre autres choses, il lui a dit nettement qu'elle devait retourner dans sa famille, et que là seulement elle pouvait être heureuse et respectée.

Michel a ajouté qu'il voyait avec un profond regret le séjour de sa sœur à Paris, et que ses aspirations à l'indépendance, dont elle parlait trop souvent, n'étaient autres que de creuses rêveries dont elle serait victime un jour; qu'il ne pouvait se défendre d'une sorte de compassion et de pitié pour elle, mais qu'il était à craindre que les événements postérieurs amenés par cette étrange détermination, ne lui enlevassent l'estime des honnêtes gens, qui doit être l'ambition de toute femme.

Mademoiselle Émelina ne s'attendait pas à être traitée si sévèrement ; elle en fut atterrée d'abord, mais son parti était pris. Elle est sortie sans répondre, nous laissant inquiets des suites de cette mercuriale que Michel se reprochait lui-même après son départ. Il m'a demandé s'il n'avait pas été trop dur ; mais s'il connaissait les folles idées de sa sœur, il eût été certainement plus sévère. Ce n'était pas le moment de lui faire des confidences inutiles ; mademoiselle Émelina a dû réfléchir sur la conduite à tenir si elle veut recouvrer l'amitié de son frère.

Huit jours après, au lieu de venir comme d'habitude voir Michel, mademoiselle Émelina a envoyé un billet froid, par lequel elle le priait de l'excuser de son absence, étant fort occupée d'une brillante position qu'on lui offre. Cette *brillante position* est une place de demoiselle de compagnie auprès d'une dame russe, qui est venue passer l'été à Paris, que mademoiselle Émelina a rencontrée et qu'elle veut suivre à l'étranger. Nous n'en avons rien cru d'abord; mais mademoiselle Émelina, toute joyeuse, le dimanche suivant, nous a annoncé son départ prochain. Pleine d'illusions, elle entrevoit en Russie un avenir dont Michel n'a pas cherché à la détourner, se disant que peut-être ce voyage et cette nouvelle position apporteront quelque raison dans l'esprit de sa sœur.

Le soir, en nous quittant, mademoiselle Émelina m'a glissé dans la main une lettre par laquelle elle me donne rendez-vous la veille de son départ, passage Vendôme. Elle me sait, dit-elle, assez homme d'honneur pour n'y pas manquer, et elle me témoigne combien elle sera fidèle pendant son absence à l'amour qu'elle m'a juré. Croyant avoir compris les raisons de ma froideur, elle laisse entendre qu'elle ne reviendra à Paris qu'à la tête d'une fortune considérable, pour la partager avec moi. Comment une demoiselle de compagnie peut-elle amasser une grosse fortune ? Voilà ce dont j'ai souri autant que d'une union que je n'ai jamais promise.

Je ne suis pas allé au rendez-vous : les premiers m'en avaient démontré les dangers ; et comme Michel allait embrasser sa sœur pour la dernière fois, je me suis arrangé de telle sorte qu'un empêchement subit me permît de ne pas l'accompagner.

Michel est revenu triste et soucieux. Malgré les folies de mademoiselle Émelina, il l'aime, et, certainement, s'il avait été en position de le faire, il eût empêché ce départ et accordé à sa sœur de vivre auprès de lui. Nous en avons longtemps parlé dans la soirée, et chaque pensée de Michel aboutissait à la fortune, non pas pour lui, mais pour sa famille et le bonheur de ceux qui l'entourent.

Il a vu la dame russe que sa sœur accompagne ; il a voulu lui être présenté et la lui recommander de vive voix. C'est une personne riche, menant grand train, qui lui a paru altière, et il craint maintenant que mademoiselle Émelina, éloignée de ses parents, ne regrette la vie domestique dont elle n'a pas compris le charme. Malgré la force d'âme et de caractère de Michel, des traces de larmes qu'il s'efforçait de ne pas laisser paraître, se montraient dans ses yeux quand il me parlait de sa sœur.

Rien n'est plus pénible que de voir faiblir ces caractères fortement trempés ! J'ai favorisé cet attendrissement en parlant à Michel de ses parents et du chagrin qu'ils doivent ressentir de cette brusque détermination ; alors, les larmes de Michel ont coulé, et nous nous promenions en silence, moi respectant cette douleur si naturelle.

Quand il eut donné un libre cours à son émotion :

— Du courage, maintenant, dit-il. Peut-être la Providence veut-elle éprouver Émelina. Je l'aime mieux en Russie, cherchant à se créer une position, que de la voir dans l'état languissant de Christine.

Michel ne parle pas souvent de ses sœurs ; mais on voit à son accent quelle affection il a pour elles et sa famille. Le soir, en rentrant, il a écrit à son père une longue lettre sur le départ de sa sœur, en cherchant à le consoler; car il savait par mademoiselle Julienne combien M. Tourangeau avait été affecté de la détermination de sa fille, et il serait venu certainement à Paris pour essayer de la dissuader de ce départ, si mademoiselle Émelina n'avait promis d'aller embrasser ses parents avant de partir; ce qu'elle a fait, la dame qu'elle accompagne s'étant arrêtée avec elle à Longpont.

La dernière entrevue a été pénible, car M. Tourangeau, mademoiselle Christine et mademoiselle Émelina se sentaient des torts réciproques.

Mademoiselle Julienne fait observer avec raison à Michel que son père, par l'insouciance qu'il apporte aux affaires de l'intérieur, a laissé développer chez sa fille une indépendance qu'il devenait impossible de brider par la suite. Les adieux n'en ont été que plus déchirants, car chacun se pisait :—Il aurait pu en arriver autrement et d'une manière plus heureuse.

XVII

Michel semble mélancolique depuis le départ de sa sœur; je le lui ai dit et il s'est récrié en rejetant l'inquiétude dont ses traits sont empreints sur l'énorme travail qu'il accomplit depuis longtemps. En effet, c'est une lourde besogne que celle qu'il est en train de mener à bonne fin. Que de recherches, de lectures, de notes! Il en a dix cartons pleins, et rien n'est plus imposant que le gros registre où il entasse chaque soir ses découvertes de la journée.

Quand un homme passe les plus belles années de sa vie à préparer un tel livre, il faut qu'il soit poussé par une force mystérieuse qui le fait aller en avant et s'oppose aux affaissements et aux doutes.

Le travail de Michel n'est pas encore jeté sur le papier, mais il est dans sa tête ; on le lit dans ses yeux, dans sa bouche, dans ses traits. Michel est fier comme une mère qui sent remuer en elle l'enfant que déjà elle doue des qualités les plus précieuses.

— Ah ! ce dossier ! s'écrie quelquefois Michel en le soulevant triomphalement, que de peines il me donne !

Alors l'ouvrant avec une sorte de tendresse, la figure émue, il ajoute quelques trouvailles de la journée aux richesses accumulées. Toute sa vie est renfermée dans ce dossier, et certainement il courrait mille dangers pour le sauver. En voyant combien une idée longuement poursuivie peut apporter de bonheur à un homme, comment il peut supporter la pauvreté, la privation des plaisirs, j'ai puisé pendant mon séjour avec Michel un enseignement qui ne s'éteindra jamais, et j'ai soif de découvertes physiologiques qui me donnent de pareilles attaches au travail. Michel me dit de chercher, d'étudier sans cesse, et un jour, selon lui, cette obstination à l'étude fera jaillir des faits les plus simples en apparence, des déductions importantes qui m'étonneront moi-même. J'écoute Michel comme un oracle : il me dirait de commettre une action qui me paraîtrait mauvaise que je n'hésiterais pas, tant j'ai confiance en sa parole et en son jugement.

Il y a quelque temps, Michel s'est plaint de vives fatigues, et comme il craignait d'être arrêté dans ses travaux, je lui conseillais d'aller se reposer une huitaine chez ses parents ; mais l'hiver n'est pas propre au voyage, et il a voulu attendre jusqu'au printemps prochain.

Pour se distraire, Michel suit les audiences du palais. Un soir il est revenu avec des frissons persistants. La chaleur d'une petite salle de police correctionnelle où se jugeait un procès important, qui avait amené une foule considérable, lui fit trouver dure et pénible la transition à l'air vif des quais.

— Je crains de tomber malade, m'a-t-il dit le lendemain.

Et il se récriait contre les exigences de son travail qui n'avançait pas. Un ou deux jours se sont ainsi passés pleins d'anxiété pour Michel, qui sentait de vagues pesanteurs de cerveau et s'irritait de cette singulière somnolence qui l'empêchait de lire et d'écrire. Quoi qu'il dît, je ne le quittai pas, car j'avais le pressentiment d'une maladie dont je ne démêlais pas bien les symptômes; j'ai vu maintenant assez de malades dans les hôpitaux pour savoir combien, dans certains cas, le mal est hésitant avant de se déclarer ouvertement. J'ai voulu amener un jeune docteur de mes amis; mais Michel s'y est refusé absolument, et, un soir, il s'est couché pour ne plus se réveiller avec la conscience de son être.

Une violente fièvre s'était emparée de lui pendant la nuit, entremêlée de délire complet. Michel avait la fièvre typhoïde! Des symptômes trop caractéristiques m'ont frappé et aussitôt je lui ai donné les premiers soins, en attendant qu'arrivât le médecin qu'il avait refusé deux jours avant. Il n'y avait pas un instant à perdre : tout de suite nous avons opéré sur un corps qui n'offrait plus de résistance.

Michel, étendu dans le lit, en proie à la fièvre, voyageait dans des pays inconnus d'où il nous rapportait des conversations bizarres. J'ai écrit immédiatement à M. Tourangeau, sans cacher la situation dangereuse où se trouve son fils, et je le prie d'envoyer au plus vite sa femme ou mademoiselle Julienne.

Quelles journées et quelles nuits d'angoisses n'ai-je pas passées pendant deux jours auprès de ce lit au-dessus duquel se débattaient ces deux mystérieuses puissances, la vie et la mort ! Chaque minute amenait quelque avantage à la mort. Michel devenait d'une pâleur mate et lamentable. Ses joues et ses yeux, que le travail avait déjà tant dévorés, se creusaient encore. Aussi, la maladie, profitant de cette brèche lentement pratiquée depuis plusieurs années, entrait victorieuse dans le corps de mon pauvre ami et y régnait en maîtresse absolue.

Au bout de deux jours, mademoiselle Christine est arrivée de Longpont. Je la croyais hors d'état de veiller son frère ; et, en effet, il avait été décidé que mademoiselle Julienne viendrait soigner le malade ; mais sa sœur a réclamé avec tant d'insistance, que madame Tourangeau a dû la laisser partir. Qu'importe la religion à cette heure ? Les femmes, avant tout, ont la religion du dévouement, et mademoiselle Christine s'est montrée un ange de zèle dans cette chambre où Michel, étendu sur son lit, aurait senti les forces lui revenir, s'il avait pu voir la tendresse et l'affection que sa sœur lui témoigne.

Quels soins et quel empressement Christine porte à son cher malade ! Le jour, c'est une alerte continuelle autour du lit. La nuit elle ne se repose pas et puise dans l'amour fraternel une force qu'on ne pourrait soupçonner dans un corps si frêle. Les femmes sont plus fortes que nous quand elles aiment. Au bout de deux nuits de veille, j'étais brisé de fatigue, la poitrine brûlante, la vue fatiguée, le pouls fiévreux.

Mademoiselle Christine, si maladive d'habitude, a passé dix nuits sans dormir. La volonté de triompher de la maladie de Michel fait qu'elle est venue au chevet de son frère avec un arsenal de forces dont l'emploi lui était inconnu jusqu'à ce jour. Je l'ai priée de se reposer au moins de deux jour l'un; elle m'a répondu d'un regard où était inscrite une volonté à toute épreuve. Le médecin lui-même est revenu à la charge; rien n'a pu la décider. J'ai vu quelquefois de près le dévouement, l'assistance et la charité qui existent dans le cœur de femmes corrompues; mais à quel degré atteignent ces sublimes qualités quand elles partent d'une sœur dévouée!

Cependant, au bout de huit jours, nous avons placé une garde près de Michel, car la fièvre le dévorait comme une lave brûlante, et il fallait des redoublements de soins. Il a été décidé que mademoiselle Christine occuperait ma chambre et je me suis installé dans un garni, à quelques pas de là.

La garde m'a dit que mademoiselle Christine

s'était relevée plus de dix fois pendant la nuit; penchée vers Michel, elle étudiait si la raison revenait dans ce cerveau fragile, chargé de trop de rayons pour ne pas ployer.

Michel, par l'abus du travail, a fait que la maladie s'est portée vers le cerveau, qui est une sorte de bibliothèque où il ne faut pas entasser trop de lectures, d'observations et de faits, car les ais de cette fragile bibliothèque rompent tout à coup, et un désordre immense résulte alors d'une pareille chute. Sans doute, la fièvre typhoïde tient à d'autres motifs : au manque d'exercice, aux nourritures insuffisantes, qui ont déterminé une inflammation générale; mais Michel est puni de son dévouement à la science, sans que la médecine puisse y apporter d'autre soulagement que de donner la main à la nature qui se révolte et demande un cruel repos.

— Une grave maladie est quelquefois un repos, me disait le médecin qui soigne Michel; votre ami est robuste et n'a heureusement abusé que du travail; mais je ne peux encore affirmer s'il se relèvera ou s'il succombera

J'ai caché à mademoiselle Christine les doutes du médecin ; cependant elle n'ignore pas que la vie de son frère est en danger et ce qui la fait le plus souffrir vient de ce que Michel ne la reconnaît pas, non plus que les personnes qui l'entourent. A tout instant, penchée sur lui, elle l'appelle et dans sa voix passent des tendresses et des douceurs que les mères seules connaissent. Michel ne se réveille pas !

De vives agitations, d'étranges soubresauts, des mots entrecoupés sont les seuls signes qui témoignent que le principe vital s'agite encore en lui, et mademoiselle Christine, désespérée de ses tentatives inutiles, se retire dans un coin de la chambre pour cacher sa douleur. Tous les jours elle envoie à sa mère un bulletin détaillé de la situation de mon pauvre ami dont la poitrine a été prise, ce qui amène de dangereuses complications.

Enfin, un matin, Michel est sorti du long rêve qui n'avait pas duré moins de quinze jours ; il a reconnu sa sœur, il m'a reconnu ; mais ça a été pour nous une joie de peu de durée. Le médecin qui l'a ausculté, semble effrayé du nouveau sentier qu'a suivi la maladie. Une complication de fluxion de poitrine ne laisse pas un moment de repos à Michel ; la fièvre le dévore, ses yeux sont traversés par une flamme singulière et il lui est interdit de parler autrement que par gestes. Mademoiselle Christine a redoublé de soins ; et je l'admire comme une sainte quand, au chevet du lit, elle épie les regards de son frère, inquiète et cherchant à plonger dans ce pauvre corps tourmenté comme pour en sonder les souffrances et les calmer.

Ah ! que les femmes, auprès du lit d'une personne qui leur est chère, sont supérieures au médecin ! Le plus simple mouvement de physionomie, elles le comprennent : le pli que ferait une feuille de rose dans un lit, elles savent l'effacer. Leur esprit et leur cœur travaillent jusqu'à ce qu'elles aient deviné ce qui pourrait étancher la soif du fiévreux ; leur imagination s'échauffe, leur regard s'affine, tous leurs sens acquièrent une délicatesse exquise. Le plus léger mouvement, imperceptible pour tout autre, elles l'entendent. Elles comprennent la demande avant que le malade l'ait formulée. Une femme auprès d'un malade est une âme pure qui visite un lieu de douleurs, un Virgile visitant les enfers.

Mademoiselle Christine était sublime auprès de son frère. Il m'était donné de la regarder à mon aise : elle ne me voyait pas, s'étant dédoublée, pour ainsi dire, et laissant planer au-dessus de Michel tout ce qu'elle a amassé de qualités affectives, pour ne garder que la partie matérielle qui lui sert aux besoins que réclame le malade. C'était la femme qui préparait les potions, les faisait boire, s'agitait dans la chambre et prenait quelquefois à la dérobée deux heures de sommeil ; mais toujours mademoiselle Christine laissait auprès de son frère sa pensée, ses affections impalpables, que le malade devait sentir en se réveillant.

On ne saurait assez admirer un tel dévouement, et je n'ai pu m'empêcher de le dire à mademoiselle Christine, qui me regardait étonnée, comme si elle ne faisait pas la chose la plus naturelle ; mais je me reprochais d'avoir jadis jugé trop sévèrement une femme que mademoiselle Émelina me montrait sous un faux jour. L'enthousiasme ne s'augmente-t-il pas en raison de l'opinion médiocre qu'on s'était formée d'un être méconnu?

Je veux montrer à mademoiselle Christine combien je l'avais mal jugée jusqu'alors ; et d'abord, j'ai écrit à mademoiselle Julienne en insistan sur la belle conduite de sa sœur, afin d'écarter les nuages qui ont troublé la tranquillité de la mère et de ses filles, et de faire qu'à son retour mademoiselle Christine soit récompensée par l'affection de sa famille des soins qu'elle a prodigués à Michel.

———

XVIII

Encore quelques jours d'attente et le médecin croit pouvoir annoncer une convalescence qui sera longue et pénible, mais qui mettra Michel hors de danger. Les vingt et un jour sont passés, terme devant lequel s'enfuit la fièvre typhoïde habituellement. Hélas ! dans quel état a-t-elle laissé Michel? C'est alors que mademoiselle Christine a montré tous ses trésors de patience et d'affection. Mon pauvre ami était dans un état d'irritation nerveuse qu'un rien blessait ; impatient comme un enfant, il ne pouvait attendre une seconde ; le médecin avait ordonné quelques légers aliments qui irritaient l'appétit sans le satisfaire. L'assoupissement de quinze jours et de quinze nuits, qui avait enveloppé le malade, son état de surexcitation faisaient qu'il ne dormait plus. Il voulait lire la nuit et toujours lire ; c'étaient des livres amusants qu'il demandait ; et lui, jadis plongé dans des études de droit, se plaisait à de faciles lectures.

Michel semblait redevenir enfant ; il demandait avec instance les *Mille et une Nuits,* qu'il a fallu lui acheter ; il avait lu ces contes très-jeune et me disait que, depuis l'âge de six ans, il n'avait jamais éprouvé de joie plus vive qu'en relisant pendant sa convalescence ce merveilleux ouvrage. Pour la nourriture, il en était de même ; rarement j'ai vu un gourmand à table aussi heureux que quand, six heures du soir approchant, on disposait sur le lit du malade un léger repas auquel mademoiselle Christine ajoutait quelques friandises, envoyées par mademoiselle Julienne, que Michel préférait à toutes les délicatesses des traiteurs parisiens : elles lui rappelaient sa jeunesse et la maison paternelle.

Par une singularité que je m'explique à peine,

mademoiselle Christine a perdu son activité à mesure que notre cher malade est revenu à la santé et je ne saurais mieux comparer ce phénomène qu'à une balance chargée de poids d'un côté et dont l'autre plateau est vide. Quand Michel gisait anéanti sur le lit de douleurs, mademoiselle Christine était tout animation et la vie débordait dans chacun de ses mouvements ; aujourd'hui, Michel retrouve son activité de jour en jour et mademoiselle Christine devient languissante à vue d'œil. Elle soigne son frère avec le même dévouement ; mais elle n'y apporte plus cette tendre inquiétude qui faisait que, de la pièce voisine, elle entendait le moindre mouvement de Michel, car un simple geste du malade, elle le devinait sans le voir et toujours elle était au chevet du lit avant que son frère se fût plaint.

Son rôle de femme dévouée est terminé ; il ne faut plus maintenant que les soins vulgaires d'une garde-malade ; et mademoiselle Christine, dont la mission est accomplie, n'éprouve plus de ces tensions fiévreuses qui lui faisaient oublier son propre état.

Michel est sauvé ! Il redevient homme ; son cerveau n'a gardé aucune trace des tourments de la maladie. Après de nombreuses lectures, Michel a jeté de côté le dernier roman sans aller jusqu'au bout, et il a demandé à sa sœur de lui apporter son volumineux dossier de notes qui, quoique placé en face de son lit, sur une modeste étagère, ne semblait pas avoir frappé ses yeux jusque-là.

— Ah ! s'est-il écrié en prenant le dossier comme s'il eût serré la main d'un vieil ami longtemps absent, voilà le grand œuvre ! Ta fortune est là-dedans, a-t-il dit à sa sœur qui le regardait étonnée.

Et il feuilletait les pages avec la curiosité d'un enfant à qui on vient de faire cadeau d'un cahier de gravures.

— Que de notes ! s'écriait-il. Je n'aurais jamais cru que j'avais tant travaillé.

Et il soupirait.

— C'est un plaisir que de voir tous ces chiffons de papier qui n'ont l'air de rien, n'est-ce pas, Christine, et qui représentent l'avenir, la gloire et la fortune ?

— La fortune ! s'est écriée sa sœur d'un ton mélancolique.

— Oui, il y a dans ces papiers de quoi nous rendre tous riches.

Mademoiselle Christine avait un pâle sourire sur les lèvres et avançait la main vers le dossier.

— N'y touche pas, dit Michel, tu serais obligée d'avouer à confesse que tu as ouvert les papiers du diable.

— Le diable ! a répété mademoiselle Christine avec une certaine anxiété.

— Les prêtres, a ajouté Michel, ne t'admettraient plus dans leur société s'ils savaient que tu es la sœur d'un homme qui amasse de pareils documents. Tu ne te doutes pas, ma chère Christine, qu'ils brûleraient volontiers ces papiers et moi avec.

Mademoiselle Christine est devenue sérieuse.

— Ne t'inquiète pas, ma bonne sœur, et ne prends pas un air grave. Ton frère n'écrira rien contre le clergé actuel ; il s'agit seulement d'une question historique qui m'a demandé cinq ans de travail à éclaircir ; si elle touche à l'Église, c'est au passé.

Comme mademoiselle Christine était allée dans la pièce voisine pour vaquer aux soins du ménage, Michel s'entretint avec moi de son livre futur, et j'étais étonné de la lucidité et de la méthode qui semblent s'être casées toutes seules pendant sa maladie.

A l'entendre, le travail est tout fait dans son cerveau, Michel n'a plus qu'à écrire. Ce qui était confus avant qu'il fût dévoré par la fièvre, s'est débrouillé, tassé et rangé comme sur des rayons.

Le docteur avait raison : la maladie est un repos. Michel en sortira le corps alerte comme l'esprit, avec de nouvelles forces et un courage dont il avait besoin pour la mise en œuvre de ce livre important.

Aussitôt sur pied, Michel se remettra au travail. Il brûle d'achever cet important ouvrage; après quoi, Michel compte débuter au barreau, où sa position sera d'autant plus facile que d'ardentes polémiques auront attiré l'attention sur sa personnalité.

Il a raison de dire que la fortune est dans son livre ; mais ce jour-là, Michel a tellement parlé, et avec tant d'ardeur, que, fatigué, il m'a prié de le laisser reposer quelques heures. Je l'ai quitté, heureux qu'un sommeil bienfaisant vînt calmer un enthousiasme qui agite trop vivement son système nerveux.

Je suis rentré vers les quatre heures du soir, et, comme je montais l'escalier, j'ai entendu tout à coup des cris singuliers qui m'ont fait hâter le pas.

La porte était ouverte. Michel, à moitié sorti de son lit, aux prises avec sa sœur, criait :

— Malheureuse, qu'as-tu fait ?

La chambre était jonchée de papiers, le grand dossier entr'ouvert : du poêle sortait une flamme ardente, et mademoiselle Christine tenait, convulsivement froissée dans sa main, une liasse de papiers que Michel s'efforçait de saisir.

— Au secours, Lucien ! s'est-il écrié.

Aussitôt, je me suis emparé des papiers que mademoiselle Chistine essayait de mettre hors d'atteinte des mains de son frère.

— Lucien, chasse-la! s'est écrié d'une voix faible Michel qui pâlissait à vue d'œil, chasse-la!...

Mademoiselle Christine, les narines tremblantes, les yeux enflammés, me regardait avec une sorte de défi. Malgré ses efforts pour échapper à mes étreintes, je lui ai pris les mains ; et, voyant que du pied elle s'efforçait encore de maculer les papiers qui encombraient le plancher, je la poussai, tout en la faisant marcher à reculons jusqu'à la pièce d'entrée, dans laquelle je l'enfermai pour revenir près de Michel, qui eut à peine la force de me dire : Merci! et s'évanouit.

Mademoiselle Christine voulait brûler le manuscrit de son frère !

Je suis arrivé à temps. Une seconde de plus, les précieuses notes, rassemblées si péniblement depuis cinq ans, allaient disparaître dans le poêle, dont le couvercle était déjà ouvert. J'ai ramassé et remis à la hâte en ordre ces feuillets que la lutte entre le frère et sa sœur avait fait voler dans la chambre, et j'ai réussi à faire revenir Michel à lui. Son premier mot a été :

— Le manuscrit ?

— Le voilà !

Il s'en est emparé fébrilement et l'a caché sous son oreiller.

— Et elle ? s'est-il écrié.

D'un signe je lui fis comprendre que sa sœur était dans la pièce voisine.

— La malheureuse m'aurait tué si elle avait réussi dans son projet... Qu'elle parte aussitôt, a repris Michel, je ne veux plus la revoir ! Emmène-la tout de suite au chemin de fer !... Qu'elle parte !

J'ai profité de l'arrivée de la garde-malade pour me rendre auprès de mademoiselle Christine, qui, les yeux hagards, était affaissée sur une chaise et ne semblait plus appartenir à ce monde. Je lui ai fait part de la volonté de son frère. Sans se gendarmer, elle a immédiatement rangé dans sa malle les quelques objets de toilette qu'elle avait apportés, et nous sommes partis sans qu'elle ait cherché à revoir Michel qui m'avait recommandé de lui épargner des adieux pénibles pour tous deux. Nous n'avons pas dit un mot pendant le trajet. Ne devais-je pas laisser à ses réflexions, qui la condamnent elle-même, une pauvre âme tourmentée qui ne semble pas avoir conscience du mal qu'elle pouvait causer ?

Quand je suis rentré à la maison, la fièvre avait repris Michel, qui, toute la nuit, a été en proie à un sommeil d'une telle agitation, qu'il était à craindre qu'une crise dangereuse ne survînt, qui paralysât les bons effets de la convalescence. Dans ce cerveau rafraîchi et presque tout neuf, car Michel m'a dit que, depuis sa maladie, les sensations s'y imprimaient aussi nettes que pendant l'enfance, la tentative de mademoiselle Christine a marqué si profondément, que toute la nuit Michel fut sous le coup d'affreux rêves qui lui représentaient les événements de l'après-midi, les grossissant et amenant les résultats les plus funestes. Heureusement, sur le matin, Michel est tombé dans un assoupissement profond, qui a enlevé de son souvenir ces sinistres images.

Son premier regard, en s'éveillant, a parcouru la chambre comme pour chercher sa sœur.

— Elle est partie, lui ai-je dit.

Il m'a serré silencieusement la main, et, sur sa belle figure amaigrie, une larme a coulé, souvenir affectueux pour celle qui l'avait soigné avec tant de dévouement et qui a détruit par un acte irréfléchi toute la reconnaissance que Michel voulait lui témoigner. J'évitais de rappeler l'événement, mais, comme les êtres qui ont échappé à un grand danger, Michel avait soif d'en parler.

La veille, après la conversation que nous avions eue ensemble, et sans nous douter que mademoiselle Christine, effrayée de quelques mots de son frère à propos de la religion, prêtait une oreille attentive, de la pièce voisine où elle était occupée, Michel s'était assoupi, mais d'un demi-sommeil où il avait conscience de ce qui se passait autour de lui.

Peu après mon départ, mademoiselle Christine ouvrit doucement la porte, marcha sur la pointe des pieds et vint comme d'habitude se tenir au chevet du lit de son frère. Par le sentiment qu'il avait de sa présence, Michel comprenait maintenant combien elle l'avait gardé pendant sa maladie, et dans un demi-sommeil délicieux il se plaisait à grandir encore cette amitié de sœur si sainte et si pure. Mademoiselle Christine resta ainsi près d'un quart d'heure, les yeux fixés sur le malade, afin de s'assurer qu'il dormait profondément ; puis, elle se tourna vers la petite étagère où, à côté de livres de droit, se trouve placé, sur la planche la plus élevée, le manuscrit. Et elle revint s'asseoir près du lit.

A l'agitation des feuillets, suivie d'un profond silence, Michel crut que sa sœur lisait le manuscrit ; il n'eut d'abord pas de soupçons et mit cet acte sur le compte d'une curiosité féminine. Michel pouvait se réveiller encore ; mais il ne le voulait pas, car sous ses paupières appesanties passaient les douces et claires images qui germent dans le cerveau d'un homme rattaché à la vie ; même il souriait mentalement à l'agitation des feuillets dont la plupart sont chargés de notes latines, et il se disait combien la curiosité de sa sœur serait déçue ; mais quand il comprit qu'elle tisonnait le poêle pour activer la flamme et qu'il entendit lever le couvercle, ce fut alors que, s'élançant brusquement à demi hors du lit, il eut le temps de saisir le bras de sa sœur qui, surprise, poussa un cri et cependant essayait encore d'anéantir le manuscrit en le jetant au feu.

— Que fais-tu? s'écria Michel.

— Je te sauve! dit mademoiselle Christine d'une voix exaltée.

A cette réponse et au ton dont elle était prononcée, Michel se crut perdu ; son corps était si faible encore! Pourrait-il lutter avec sa sœur? Mais l'idée de son travail perdu, de son avenir, de ce manuscrit auquel il avait consacré de si longues veilles, rendit tout à coup du ressort à ses nerfs abattus.

—Je te tuerai plutôt! dit-il en grinçant des dents.

Et tous deux, pendant quelques instants qui parurent à Michel des siècles, luttèrent de telle sorte pour s'emparer du manuscrit, que les feuillets se répandirent hors du dossier; en même temps Michel criait pour attirer l'attention du dehors. Ce fut alors que j'arrivai.

J'ai essayé, depuis, de faire oublier à Michel cette affreuse scène, et j'y ai réussi. Hier, je l'ai accompagné, à sa première sortie, au jardin du Luxembourg. Un rayon de soleil égayait la pépinière ; les lilas commençaient à fleurir. Quelle joie pour le convalescent qui s'arrêtait devant les enfants, les jeunes filles et les vieillards, et les regardait avec attendrissement.

XIX

Michel est parti pour Longpont, d'après les conseils de son médecin qui lui ordonnait deux grands mois de repos, et j'ai été d'abord attristé de ma solitude dans ce petit appartement où je m'éveillais en entendant la voix de mon ami qui, levé de grand matin, m'invitait au travail. Qu'une chambre devient froide et nue après une camaraderie rompue ! Plus de mouvement autour de moi, plus de ces cordiales conversations où je puisais le courage ! J'étais seul, seul au moment où j'avais tant besoin d'appui. Aussi, combien les jours qui suivirent notre séparation me furent pénibles ! Il me semblait que j'avais perdu la moitié de moi-même et que

Michel emportait avec lui toute mon ardeur à l'étude.

Pendant huit jours, j'errai dans Paris, blessé par l'agitation de la rue, honteux de mon inaction ; enfin, les dernières paroles de Michel me sont revenues à l'esprit :

— Travaille et tu seras content de toi.

Une douce mélancolie a remplacé dès lors l'abattement dans lequel j'étais tombé, et l'idée de ma thèse s'est présentée naturellement; mais j'avais sans cesse, flottant devant les yeux, la famille Tourangeau : le père, la mère, les trois filles et au-dessus du groupe la figure de Michel qui me souriait doucement. Malgré le charme de ces visions, j'essayai d'y échapper, car l'époque approchait où il fallait m'occuper sérieusement de la thèse sans laquelle je ne pouvais obtenir mon diplôme de docteur. Mais c'était une obsession. Toujours la famille Tourangeau se présentait à mes regards et nettement comme une image que rien ne peut obscurcir.

La part indirecte que j'avais prise aux drames de

cette famille rendait cette préoccupation naturelle ; pourtant chacune des figures se représentait avec une telle insistance, que je fus embarrassé de souvenirs si absorbants. Le profil de Michel surtout, plus accentué que celui de ses sœurs et de ses parents, ne me quittait pas des yeux, et son regard singulier et affectueux semblait m'encourager au travail.

Pour échapper à ces souvenirs, je pris le parti de lire tout entier, à haute voix, un livre de psychologie du célèbre aliéniste espagnol Moreno, que je n'avais pas compris en le lisant des yeux. Entre chaque ligne se plaçaient les diverses figures de la famille Tourangeau ; et j'étais effrayé de cette singulière situation d'esprit, obsédé par des images revenant sans cesse et toujours. J'employais le moyen de Michel quand il était fatigué du cerveau : marcher beaucoup. Je parcourus ainsi les environs de Paris. Mais la famille Tourangeau me suivait dans mes courses. Pendant la nuit, mes rêves amenaient des successions d'événements qui tous avaient trait aux parents de Michel, et quoique les faits soient obscurcis d'habitude par les songes, je voyais clairement dans les sentiments de chacun des membres de la famille Tourangeaut ; le rêve et le réveil ne faisaient qu'un, c'est-à-dire que les yeux ouverts, je continuais de suivre avec curiosité tous les détails de ces natures si diverses qu'il m'avait été donné de voir agir dans la vie.

Si jusque-là j'avais été témoin de simples faits sans en tirer de déductions physiologiques, maintenant au contraire les motifs qui faisaient agir Michel, ses sœurs, son père et sa mère, se représentaient comme gouvernés par des lois mystérieuses dont je commençais à pénétrer le sens.

Un jour, une idée du docteur Moreno me frappa tellement que je jetai un cri de joie. Ma thèse était faite et quelle thèse !

Plein d'émotion, je courus chez le célèbre médecin espagnol envoyé par son gouvernement pour étudier les maisons d'aliénés, et je lui posai la question qui devait décider de mon avenir. Je croyais avoir entrevu une découverte psychologique qui se rattachait à l'ordre des observations signalées dans son livre et je lui demandai s'il la trouvait utile à développer ; j'allai également rendre visite à un membre de l'Académie qui m'a montré de la bienveillance lors de mes examens. Tous deux furent d'accord qu'au premier abord mon idée pouvait paraître paradoxale, mais qu'elle n'en témoignait pas moins d'un esprit chercheur et que les membres de la Faculté liraient avec intérêt une thèse qui avait au moins le mérite de n'être pas coupée à coups de ciseaux dans les dictionnaires de médecine.

Des efforts de la nature pour créer un homme de génie, tel est le titre de ma thèse

Arriverai-je à me faire comprendre ? Je suis tellement plein de mon idée depuis deux mois, que je crois qu'elle est claire et saisissable pour chacun.

Michel est le type de mon homme de génie, et sa famille m'a fourni nombre d'observations que j'aurais crues exceptionnelles, si le docteur Moreno, frappé de mes développements, ne m'avait dit qu'il a vu plusieurs fois les mêmes faits se confirmer dans d'autres familles.

Avec le travail constant et les précieuses facultés dont Michel est doué, nul doute qu'il ne devienne un penseur et un grand orateur. Il tient de son père le bouillonnement d'idées qui n'ont pu se développer chez M. Tourangeau dans le petit centre où son activité était comprimée. Une observation analogue du docteur Moreno m'a fait développer cette question d'hérédité. Le grand médecin espagnol, cherchant les causes des grandes qualités imaginatives, les trouve dans l'hérédité. Il affirme que tout homme de talent ne peut être fils que d'un père bizarre. M. Tourangeau ne fait-il pas preuve chaque jour de bizarrerie?

Voici maintenant ma part personnelle dans ma thèse.

La nature n'est pas prodigue d'hommes de génie.

De même que le potier tire du four plus d'un vase fendu avant de trouver une pièce intacte, de même la nature échoue souvent avant d'arriver au but qu'elle poursuit.

C'est surtout mademoiselle Christine qui donne

à penser qu'à plusieurs reprises la nature s'est essayée à créer dans cette famille l'être qui doit exercer une supériorité sur ses semblables.

L'aînée des demoiselles a en partage quelques-unes des facultés imaginatives du père; mais ce sont des facultés incomplètes.

Ici la nature a échoué.

On voit par les troubles qu'a jetés mademoiselle Christine dans sa famille combien des facultés mal équilibrées sont dangereuses. Mademoiselle Christine, en s'abandonnant à une dévotion exaltée, montre par là une imagination ardente vers un idéal particulier, comme Michel poursuit l'idéal de la gloire; mais en rompant tout rapport avec ceux qui l'entourent, sa sœur n'obéit plus aux exigences domestiques, et voilà une femme déclassée par la faute de la nature qui a fait germer en elle trop ou trop peu d'intelligence et de volonté.

Un rien de plus, mademoiselle Christine prend sa place dans les rangs des sainte Thérèse qui laissent une trace lumineuse dans l'histoire du mysticisme ; et c'est le fatal germe que mademoiselle Christine porte en elle qui a produit ces abattements si tenaces et si dangereux.

Mademoiselle Émelina n'est-elle pas la preuve d'un second essai de la nature, aussi infructueux que le premier. Il y a encore quelques gouttes d'imagination de trop dans cet esprit irréfléchi qui s'est cru appelé un moment à de hautes destinées poétiques.

Par instants, la nature m'apparaît comme une sorte d'alchimiste qui verse dans des cornues divers breuvages précieux, pour arriver à la combinaison du grand œuvre. Quelquefois, la nature semble distraite : la dose n'est pas suffisante, le mélange ne se produit pas ; certaines cornues trop chauffées éclatent.

On dirait que la nature, fatiguée de ses efforts, s'est reposée en créant mademoiselle Julienne, cet esprit droit et sain qui n'offre aucune trace des désordres de ses sœurs. Il est vrai qu'elle tient de sa mère, si courageuse et si résolue, les qualités dont Michel a subi l'heureuse influence ; car s'il avait hérité seulement des facultés de son père, Michel sentirait bouillonner infertilement en lui de grands projets avortés ; mais le mélange des qualités du père et de la mère a produit cette imagination d'élite que la nature avait en vain essayée dans deux êtres avant de trouver son vase d'élection.

Ainsi, la nature, ayant décidé qu'un homme distingué naîtrait dans cette famille, s'est mise courageusement à l'œuvre. Elle a profité de ses fautes précédentes, et les essais qu'elle a tentés à deux reprises lui servent d'enseignement.

Mais quelle pénible besogne que la réalisation de cet être supérieur, de ce *summum* humain appelé à jouer un grand rôle dans la société !

Génie, imagination, talents de toute sorte, la nature en a des provisions, qu'elle met en circulation dans le sang de plus d'un mortel ; mais que d'infinies précautions pour que ces flammes n'embrasent pas tout le corps !

Il arrive trop souvent que ces étincelles de génie fatalement déposées dans un cerveau, qui n'était pas préparé à les recevoir, amènent des désordres qui font penser aux mineurs pénétrant dans les mines sans la lampe Davy.

ette fois, la nature a réussi. Michel est complet.

Le trait d'union qui sépare chez les natures distinguées la raison de l'imagination, est un passage étroit que la nature a essayé, comme ces ponts qu'un ingénieur fait charger de pierres avant de les livrer au public.

Michel, après avoir passé par de graves épreuves, a résisté aux charges que la nature avait pour ainsi dire empilées sur lui.

Et ainsi il est une preuve des *efforts de la nature pour créer un homme de génie.*

Telle est sommairement la base de ma thèse, difficile à déduire, car je craignais d'être accusé de *fantaisie*, une des injures les plus graves qu'on puisse jeter à la tête d'un homme qui aspire à la science ; mais mon travail, mieux apprécié que je ne l'espérais, a eu les honneurs de la discussion dans des revues scientifiques. Et quand, guéri, Michel est revenu, il m'a sauté au cou, plein de joie fier de moi et m'encourageant dans une voie où j'ai, m'a-t-il dit, de vastes champs à cultiver.

Tout va bien, jusqu'à mademoiselle Émelina qui nous annonce son heureuse arrivée en Russie ; cependant on pourrait démêler au fond de sa lettre quelques regrets de la situation qu'elle a cherchée. Sa maîtresse, dit-elle, est bizarre, fantasque et liseuse intrépide. Tous les livres français nouveaux sont expédiés à cette dame, qui se les fait lire la nuit, et mademoiselle Émelina sert de lectrice habituellement. C'est une dure occupation, ajoute-t-elle.

Mademoiselle Émelina comprend maintenant combien sont pénibles à subir les caprices d'une maîtresse, qui tantôt court le monde, tantôt s'enferme dans une retraite absolue, tantôt est follement gaie, tantôt se renferme dans le mutisme. La demoiselle de compagnie a pour mission d'égayer une grande dame qui s'ennuie, et sans vouloir se l'avouer à elle-même, elle regrette déjà la maison paternelle !

XX

Enfin, le livre de Michel est publié ! Après dix ans d'un travail acharné, Michel recueille le succès dû à ses efforts, car la publication a dépassé le but que nous en attendions : attaques passionnées, défenses imprévues ont créé au livre une popularité que la gravité du sujet ne pouvait faire espérer. L'éditeur, étonné lui-même d'un tel début, a proposé à Michel un traité qui, s'il ne l'enrichit pas, est le signe le plus positif de l'intérêt que le libraire porte à l'avenir du nouvel écrivain.

Depuis cette époque, notre petit appartement a été rempli de visiteurs. Les personnes distinguées qui ont lu le livre veulent connaître l'homme. Si

Michel était ambitieux, il n'aurait qu'à choisir entre les offres de service qui pleuvent de partout ; ce ne sont qu'invitations de toutes parts, auxquelles il trouve à peine le temps de répondre.

Paris a le beau côté d'ouvrir toutes les portes à une réputation naissante : après un premier succès, un homme peut se présenter partout. On est curieux de voir de près l'inconnu qui a puisé assez de forces en lui pour mener à bonne fin une œuvre de haute portée.

Mais ce n'est pas sans une certaine réserve que Michel a accepté ces nouvelles relations ; son succès, loin de le griser, lui fait apercevoir des horizons nouveaux. Il a à cœur de se faire une position solide, et les dîners, les bals et les nuits passées dans le monde ne sont pas un excitant pour le travail. Après avoir sacrifié quelques soirées de l'hiver aux devoirs de la société, Michel profitera du printemps pour aller annoncer lui-même la nouvelle de ses succès à ses parents.

— N'ont-ils pas besoin d'être consolés dans leur affliction ? me disait-il.

Depuis quelque temps, les lettres de mademoiselle Julienne devenaient navrantes. Mademoiselle Christine vit maintenant dans une sorte d'état extatique dont rien ne peut la tirer, d'où une complète dissension entre son père et sa mère. M. Tourangeau s'irrite de cet appesantissement morbide et persistant. Il a assez de défiance de sa vivacité pour ne pas entreprendre de tirer sa fille de son affaissement. Il se dit qu'il s'emporterait outre mesure, et, comme madame Tourangeau a échoué auprès de mademoiselle Christine en employant la tendresse maternelle, c'est sur la pauvre mère que retombe l'irritation d'un homme qui ne sait se contenir.

Au milieu de ces conflits domestiques, mademoiselle Julienne joue son rôle habituel de conciliatrice. Mademoiselle Julienne me fait penser aux femmes dont un écrivain disait qu'elles remplissent les intervalles de la vie, comme les duvets qu'on introduit dans les caisses de porcelaine; tout se briserait sans ces duvets. Mademoiselle Julienne, par son dévouement, a trouvé grâce auprès de M. Tourangeau, qui ne saurait lui faire porter le poids de la mauvaise éducation de sa sœur, dont il rend sa mère responsable ; car c'est là l'éternel grief sur lequel M. Tourangeau revient constamment.

— Tu as mal élevé ta fille.

Accusation à laquelle madame Tourangeau dédaigne de répondre. Mademoiselle Julienne intervient alors entre son père et sa mère pour défendre une sœur qui n'a pas conscience des troubles qu'elle excite.

Michel, soucieux, souffre de voir si malheureux des parents qui ont cherché à inculquer à leurs enfants l'amour du bien, et qui, à l'âge où ils devraient être récompensés de leurs sacrifices, ne recueillent qu'amertumes et regrets. Cependant il remettait de jour en jour son voyage à Longpont, et une telle indécision de sa part m'étonnait.

— Mon cher Lucien, me dit-il, rien ne me rendrait plus heureux que d'embrasser ma mère, et pourtant je crains de me trouver mêlé à ces dissensions. Alors il m'a proposé de l'accompagner.

— La présence d'un ami, disait-il, empêchera ces discordances d'éclater. Tu connais Christine, tu lui parleras. Nous essayerons par de nouveaux efforts de parer à cet affaissement singulier qui a peut-être des causes que j'ignore. Tu es médecin, il faut qu'elle t'avoue son secret.

XXI

Je suis parti avec Michel, inquiet de la mission délicate dont il me charge : le mal remonte loin déjà, les événements de Vichy l'ont trop prouvé. Notre présence amènera-t-elle quelque amélioration, quand, à Paris, mademoiselle Christine a commis, sous nos yeux, un acte inqualifiable envers un frère qu'elle aime?

Michel avait prévenu sa famille de son arrivée. Une demi-lieue avant Longpont, sur la longue route droite, bordée de peupliers, au bout de laquelle on aperçoit la ville, un homme, qui marchait vers la voiture à grands pas, s'est jeté à la portière en criant :

— Michel !

— Mon père ! a dit Michel en faisant arrêter la voiture.

— Ah ! mon garçon, ça me fait bien de te voir !

J'étais attendri à la vue de ce brave homme qui voulait embrasser son fils une demi-heure avant sa famille. Sous une apparence insouciante, M. Tourangeau cache une tendresse profonde, brusque et d'autant plus émouvante.

— Et ma mère ? a demandé Michel.

— Tu la verras tout à l'heure.

— Et Christine ?

M. Tourangeau n'a pas répondu ; mais d'un ton qui montrait l'orgueil du père :

— Ton livre a donc eu du succès ? Chacun m'en parle en ville.

— A Longpont ! s'est écrié Michel.

— M. Bourbonneux, le juge de paix, m'a prêté un journal où il était question de toi. Il paraît même, a ajouté M. Tourangeau, que les dames de Longpont veulent toutes lire ton livre.

Nous étions arrivés à la promenade qui entoure

la ville : deux dames assises sur un banc se sont levées tout à coup et ont couru vers nous. Madame Tourangeau et mademoiselle Julienne, elles aussi, avaient voulu devancer de quelques instants le plaisir d'embrasser Michel. Comme on l'aime et comme sa mère et sa sœur cherchent à renouer les liens brisés par mademoiselle Émelina et mademoiselle Christine !

Michel a pris le bras de sa mère, et j'ai offert le mien à mademoiselle Julienne ; chemin faisant, je la regardais. L'honnête physionomie ! Un mélange de bonté et de santé. Mademoiselle Julienne est arrivée à l'épanouissement de la femme : des yeux pleins de douceur laissent passer une quiétude d'esprit que rien ne saurait troubler. On respire la santé près d'elle, et l'homme le plus tourmenté sentirait, en sa compagnie, renaître en lui la tranquillité, comme la poitrine d'un malade, fatigué par le séjour des villes, se dilate à l'air pur des montagnes.

— Que vous avez été bon, à Vichy, pour ma sœur ! me disait-elle.

— J'aurais voulu, mademoiselle, vous renvoyer mademoiselle Christine tout à fait guérie.

— Pauvre Christine! s'est-elle écriée. Elle souffre; mais elle fait encore plus souffrir ma mère. N'avez-vous pas remarqué, monsieur Lucien, combien elle est changée?

Madame Tourangeau a, en effet, singulièrement vieilli. Elle, si active il y a trois ans, marche péniblement au bras de Michel. Son corps s'est voûté, et sa figure est sillonnée de rides dans lesquelles a coulé plus d'une larme solitaire.

— Vous parlerez fermement à Christine, n'est-ce pas, monsieur Lucien? Il le faut! a ajouté mademoiselle Julienne avec une résolution que je ne lui connaissais pas.

— Qu'y a-t-il de nouveau, mademoiselle?

— Je vous montrerai un cahier sur lequel ma sœur écrit des phrases incompréhensibles...

Nous arrivions à la maison.

— Laissons Michel avec ma mère, m'a dit à voix basse mademoiselle Julienne, et venons au jardin.

Alors elle est allée chercher le singulier journal qui ne révèle que trop l'état de la malheureuse sœur de Michel.

« 17 *mars*. — Mourir à tout et tout perdre pour aimer Jésus sont les seules voluptés qui aient su dilater mon cœur. »

« 19 *mars*. — Je n'ai jamais connu de mon corps que la joie de la souffrance. »

« 27 *mars*. — Mon cher Sauveur a commencé à se rendre visible durant les longues heures d'insomnie qui traversent mes nuits. Une nuit, donc, bien éveillée, je me sentis suspendue dans toutes mes sensations, croisant comme malgré moi mes bras sur ma poitrine, en attendant dans une sorte de frayeur ce que le Seigneur allait dire. Je le vis très-réellement tel qu'il est dépeint au *Cantique des Cantiques*, mais complétement dépouillé de vêtements. Il s'étendit près de moi, mit ses pieds sur mes pieds, croisa ses mains avec les miennes, élargit sa déchirante couronne où il serra ma tête avec la sienne ; puis, tandis qu'il me faisait vivement ressentir les douleurs de ses clous et de ses épines, et me donnant le plus divin baiser d'un époux divin, il m'inspira une sensation délicieuse qui, versant en tout mon être une vigueur rafraîchissante, le réjouit partout d'un tressaillement incomparable, et le lui gagna sans réserve. »

L'extase et l'anéantissement se succèdent de page en page dans ce cahier : on y voit percer des terreurs de l'enfer et des aspirations au paradis qui ne sont que trop courtes, car sans cesse la crainte du châtiment l'emporte sur la récompense. La pauvre fille a peur de ses pensées, peur d'elle-même, peur des visions qui l'assaillent, et pourtant elle semble se complaire dans cette situation.

Je lisais et relisais l'étrange journal, espérant échapper aux questions de mademoiselle Julienne qui, anxieuse, étudiait sur ma physionomie l'impression de cette lecture. Et quoique affectant l'indifférence, il m'était difficile de cacher mes réels sentiments. J'ai vu assez de malheureuses enfermées dont la pensée n'offrait pas plus de désordres.

— Eh bien, monsieur Lucien? m'a demandé mademoiselle Julienne.

— Avec beaucoup de fermeté, on parviendrait sans doute à enlever mademoiselle votre sœur à ces étranges idées.

— Nos soins, elle les repousse ! Nos caresses, elle les fuit ! s'est écriée mademoiselle Julienne. Si vous saviez, monsieur Lucien, combien ma mère est peinée d'être privée de l'amitié de sa fille !... Tantôt ce sont des froideurs inexplicables, elle ne reconnaît plus personne ; tantôt elle se jette aux pieds de ma mère en la priant de lui pardonner. Elle dit qu'elle est une grande coupable, une malheureuse, et que nous ne saurions assez intercéder le ciel en sa faveur ; elle nous accuse de pratiquer trop légèrement nos devoirs religieux, et alors la colère de Dieu s'abattra sur notre maison. Nous l'avons surprise dans ses luttes contre des ennemis invisibles, à la suite desquelles elle reste anéantie, sans vie et sans mouvement. Toute la ville est témoin de sa conduite étrange. A l'église, elle donne le même spectacle. Elle a fatigué jusqu'aux prêtres, qui sont venus avertir ma mère de veiller sur elle. Il est trop tard maintenant ! Mon père évite de se rencontrer avec elle et craint tellement qu'on ne lui en parle dans la ville qu'il sort de grand matin, seul, dans la campagne. Ah! monsieur Lucien, combien nous vous serions reconnaissants si vous parveniez à rendre un peu de tranquillité à ma pauvre sœur!

Il y a trois ans, mademoiselle Julienne me parut bonne et occupée à plaire à tous : aujourd'hui, c'est un ange de dévouement qui s'efforce de mettre du baume sur les plaies de sa mère, de son père et de sa sœur. Elle seule n'a pas changé, sinon pour croître en affection, comme Michel s'est agrandi par le travail. Tout souffre autour d'elle; elle reste calme comme une sœur de charité reconfortant les blessés sur un champ de bataille. Sa pitié est constamment en éveil, quoique ces troubles et ces douleurs sans cesse renaissants tendent à l'engourdir. Comme mademoiselle Julienne a le sentiment de devoirs remplis, sa physionomie en porte la pure empreinte. La courageuse fille s'est dit qu'elle avait une mission à remplir, et son cœur, s'ouvrant à tous les chagrins, se fait grand et lui apporte sans cesse de nouvelles inspirations pour venir en aide aux esprits désolés qui l'entourent.

Au moment où mademoiselle Julienne me recommandait sa sœur, mademoiselle Christine descendait au jardin en compagnie de Michel, et je n'ai pas trouvé sur sa figure les traces des troubles que révèle son journal. L'arrivée de son frère, le désir de lui faire oublier l'événement qui l'avait séparée de lui à Paris, ont produit une réaction favorable, et le reste de la journée, mademoiselle Christine s'est montrée affectueuse pour tous, comme par le passé. Aussi, quelle joie dans la maison ! La famille était en fête, madame Tourangeau regardait tour à tour son mari et son fils, comme pour les assurer que le calme était revenu. Mademoiselle Julienne souriante semblait dire à Michel et à moi : Nous vous devons le bonheur.

Un seul rayon faisait oublier les tempêtes passées. Moi-même, je subissais cette félicité générale, et à voir cette honnête famille rassemblée, il semblait que le mauvais destin, qui depuis si longtemps lance des brandons de discorde dans des cœurs si unis, était vaincu.

L'annonce du retour de Michel s'étant répandue, les parents et les voisins sont venus voir l'homme dont les journaux s'entretiennent. La soirée eût été complète si mademoiselle Émelina n'y avait manqué; c'est le seul souci qui flottait à ce moment dans la maison.

Tous les esprits étant à l'unisson, nous avons projeté pour le lendemain une partie de campagne aux environs, et mademoiselle Christine a été la première à y souscrire. Pendant la quinzaine que nous allons passer à Longpont, il est bon d'associer mademoiselle Christine à nos excursions; elle retrouvera peu à peu le calme, et reconnaîtra combien la fraîcheur qu'il laisse dans l'esprit est préférable à des tourments imaginaires.

Hélas! le lendemain, mademoiselle Julienne nous prévenait que sa sœur était retombée dans sa mélancolie habituelle; il avait suffi de la nuit pour la replonger dans ses visions troublantes. Nous avons été la voir en compagnie de Michel. Elle reste au lit et se plaint de douleurs de tête que je comprends. Il était midi et elle n'était pas levée ! Si elle prenait sur elle de respirer l'air frais du matin, elle ne serait pas en proie à ces vagues névralgies qui sont dues aux assoupissements de la matinée. Mille pensées l'assiègent, couchée, dont elle se débarrasserait en quittant le lit.

« Le lit, dit le docteur Moreno dans son livre, entre pour deux tiers dans la persistance des affections nerveuses. »

Je n'ai pas caché à Michel les confidences de mademoiselle Julienne ; en deux jours, j'ai étudié le mal, et la guérison n'en est pas impossible ; mais il faudrait une autorité absolue sur mademoiselle Christine pour lui rendre la tranquillité, et madame Tourangeau manque d'autorité. Malheureuse famille, qui mérite un meilleur sort et dont le repos dépend de l'état d'une fille que le médecin de la maison n'a pas su soigner. Si on avait arraché à temps les fatales racines qui, peu à peu, se sont enlacées autour de mademoiselle Christine et l'ont privée de défense, elle eût été une femme préoccupée de faire le bonheur de ceux qui l'entourent; maintenant, il faut des moyens énergiques pour l'aider à se relever.

Mademoiselle Christine a besoin de la surveillance constante d'un homme qui ne la quitte pas, prenne de l'empire sur elle, et sans cesse dissipe les visions dont elle est assaillie. Pourquoi ne serais-je pas cet homme ? Je le disais à mademoiselle Julienne, dont la douleur était facile à observer.

— Ah! monsieur Lucien, quel sacrifice!

— Un sacrifice, mademoiselle! Ce serait une récompense.

Mademoiselle Julienne m'a regardé pour chercher le sens que j'attachais à ce mot; mais son regard a rencontré le mien, elle a rougi et s'est troublée.

— C'est un devoir, mademoiselle. Votre frère m'a rendu le plus grand des services. Sans Michel, que serais-je devenu? Il m'a fait connaître le charme du travail; j'étais sans famille, il m'a introduit dans la sienne. Je vous ai vus tous heureux, vous contentant de peu, et il a fallu deux têtes exaltées pour troubler ce bonheur !

— Christine n'est pas coupable, disait mademoiselle Julienne.

— Ah ! mademoiselle, qu'il est heureux que vous puissiez faire oublier par votre exquise égalité de caractère les tempêtes produites par des imaginations trop ardentes !

— Monsieur Lucien ! s'est écriée mademoiselle Julienne en rougissant.

Je l'ai prise par la main et la conduisant dans une allée couverte de chèvrefeuille et de vigne-vierge, je marchais à côté d'elle sans parler. La première fois que je vins à Longpont, je me promenais souvent un livre à la main dans cet endroit touffu. De là, le matin, je voyais mademoiselle Julienne cueillir des fleurs dans le jardin. Elle ne se doutait pas de ma présence dans l'allée et chantait gaiement.

— Bonjour, mademoiselle, lui disais-je en apparaissant tout à coup, et ses joues s'empourpraient amenant avec la surprise un sourire charmant.

Toutes ces pensées d'autrefois et d'aujourd'hui se débattaient en nous. Je pris les mains de mademoiselle Julienne. Nous ne parlions pas ; mais les paroles s'échappaient de nos cœurs et nous marchions lentement, enveloppés de douces et tendres émotions. Mademoiselle Julienne n'essayait pas de dégager sa main, qui recevait mille confidences soudaines ; mon cœur s'entretenait avec le sien. Je la regardais, et chacun de ces regards me remplissait d'un bonheur ineffable. Les oiseaux chantaient gaiement et le soleil qui perçait le feuillage et coupait brusquement les bandes d'ombre de l'avenue, semblait par ses rayons chasser les tristesses du présent.

Alors, sans faire effort sur moi-même, et les paroles coulant de mon cœur comme d'un vase trop plein, je parlai à mademoiselle Julienne du bonheur conjugal qu'avaient fui ses deux sœurs ; mais, elle, devait-elle s'y soustraire ? N'était-ce pas un trésor à conserver que cette précieuse égalité d'humeur que le triste célibat allait chercher à détruire ?

En m'écoutant, ses yeux se baissaient doucement, et sa poitrine se soulevait. L'émotion la gagnait ; elle se laissa tomber sur un banc qui borde l'avenue, et comme j'insistais pour savoir si elle avait déjà refusé quelque parti :

— Je n'ai pas de fortune, monsieur Lucien.

— Pas de fortune, mademoiselle ? N'apporterez-vous pas à l'homme assez heureux pour obtenir votre main des qualités plus précieuses que tous les trésors de la terre ? Qu'importe une héritière de vingt mille francs de rente, qui apporte cent mille francs de chagrins à celui qui l'épousera ? Pas de fortune, mademoiselle ! Vous êtes trop riche ; vous rendra-t-on jamais en soins et en prévenances la somme de félicités que vous possédez ?

Bientôt, laissant de côté ces vagues paroles dont Julienne devait entendre le sens, j'ai parlé en mon propre nom :

— Et, alors, j'aurai le droit de veiller sur votre sœur.

Elle a compris cet *alors*.

— Oui, Lucien, m'a-t-elle dit en s'éloignant rapidement, car l'émotion la gagnait.

La belle matinée ! Mon cœur est plein d'ivresse. Je suis résolu à d'énergiques travaux. Que l'homme seul est faible ! Je me sens deux poitrines, deux cœurs, deux courages. J'aime Julienne !

XXII

La jolie ville que Longpont! Je suis allé me promener ce matin sur la plate-forme du vieux château d'où l'œil embrasse un panorama de dix lieues : partout ce ne sont que prés, vignes, jardinages coupés par des bouquets de bois au-dessus desquels apparaissent les clochers de riants villages. Une petite rivière aux méandres capricieux, brillant comme un ruban d'argent, se cache entre deux rangées de peupliers, passe sous un pont qui fait le gros dos, réfléchit l'azur du ciel, baigne les pieds de vieux saules, offre ses services aux roues des moulins voisins et revient après mille caprices se jouer sous les remparts de la ville.

Tout le pays semble heureux. Sur les longues routes passent de lourdes voitures de rouliers ; les paysannes en fichu rouge se détachent sur la verdure des prés ; on ne voit ni pauvres ni mendiants, et à l'entretien des jardinages, on reconnaît que l'amour du travail et la fertilité se donnent la main. L'air court dans la vallée, et, du haut du vieux château, le seul bruit qu'on entende est le tintement des clochettes au cou des vaches paissant tranquillement à l'ombre des ruines.

Combien se modifient les idées ! Où peut-on vivre plus heureux qu'à Longpont ? Je ne pensais pas ainsi il y a trois ans ; mais je n'aimais pas ! J'ai fait part à Michel de mon enthousiasme pour le pays ; il m'a regardé et à mon tour j'ai rougi. Alors je lui ai confié mon amour pour Julienne, les soins dont je voulais entourer mademoiselle Christine et le bonheur que je rêvais si ses parents ne s'opposaient pas à mes idées d'avenir. Michel m'a tendu la main.

— Il ne faut pas que tu te sacrifies pour ma pauvre Christine, disait-il.

— Partout où sera Julienne, partout je serai heureux.

Nous devions faire les premières ouvertures à madame Tourangeau en rentrant ; mais la maison était en émoi.

Mademoiselle Christine n'était pas descendue à midi de sa chambre ; sa sœur, en lui portant son déjeuner, a trouvé la porte fermée. On l'a appelée, mademoiselle Christine n'a pas répondu. Aussi, dans quelle inquiétude était madame Tourangeau ! S'adresser à un serrurier pour forcer la serrure, ne serait-ce pas faire connaître aux voisins un état que la famille essaye de dissimuler ?

Une fenêtre donne sur le jardin. A l'aide d'une échelle, Michel s'est assuré que sa sœur était dans le lit : en le voyant, elle s'est retournée du côté de la ruelle.

— Que faut-il faire ? me demandait Michel.

— Commencer le traitement.

Alors, cassant une des vitres, j'ai ouvert l'espagnolette et je suis entré par la fenêtre, en faisant signe à madame Tourangeau et à Michel de me laisser seul avec mademoiselle Christine.

— Pourquoi vous enfermer ainsi, mademoiselle?

Elle ne répondait pas ; je lui ai parlé de l'inquiétude dans laquelle elle plonge sa famille ; mais ces paroles n'ayant aucune action sur elle :

— Mademoiselle, il faut vous lever.

— Je ne le peux, a-t-elle dit d'une voix languissante.

— Vous souffrez ?

Elle baissait des yeux abattus.

L'existence est lourde à certains êtres dont le système nerveux est mal équilibré !

Loin d'être heureuse à son réveil de voir la lumière, d'entendre chanter les oiseaux, de se sentir vivre, mademoiselle Christine souffre d'échapper au sommeil.

Les sensations qu'elle éprouve alors la froissent, d'où cette tenace mélancolie.

— Où souffrez-vous ?

Pas de réponse. J'ai pris sa main ; le pouls était agité, mais sans fièvre.

— Vous n'êtes pas malade, mademoiselle ; il faut vous lever.

Et j'ai appelé Julienne à haute voix pour qu'elle aidât sa sœur à s'habiller. A mon ton, mademoiselle Christine a dû comprendre que je voulais être obéi. Quelques minutes après, elle est descendue au bras de Julienne sans trop de résistance.

Nous l'avons conduite au jardin, et son abattement s'est changé, non pas en gaieté, mais en une certaine douceur. C'est une enfant qui a besoin de stimulants. Il est important de ne pas la laisser un instant livrée à elle-même ; mais quelles distractions peut offrir à une nature si tourmentée une petite ville où la vie est paisible et tranquille, pourvu qu'on soit porté à la tranquillité.

Michel m'a montré sur les promenades des vieillards, enveloppés dans de grandes houppelandes, qui, un parapluie sous le bras, accomplissent lentement, tous les jours, à la même heure, d'un pas égal, une marche de deux heures sous les ombrages. Ils n'ont pas changé depuis soixante ans ; leurs profils ressemblent à leurs habits : des rides et des reprises. Il semble que la mort les ait oubliés et que la nature les récompense d'avoir vécu simplement. Telle s'écoule une existence régulière à Longpont ; mais il est des esprits qui ont besoin d'activité et qui périraient d'ennui, comme dans une prison cellulaire, si on les condamnait à cette existence monotone, et mademoiselle Christine appartient à cette classe d'êtres infortunés pour lesquels il faudrait trouver des distractions sans cesse nouvelles.

Pourquoi ne s'est-elle pas mariée ? Mais pourquoi si jeune est-elle tombée dans les pratiques religieuses dévorantes ? Pourquoi madame Tourangeau n'y a-t-elle pas pris garde ? Pourquoi le chef de la famille n'a-t-il pas interposé son autorité ? Et lui-même, M. Tourangeau, pourquoi son imagination l'empêche-t-elle de s'occuper de ses propres intérêts ?

Ce n'est donc pas la faute de mademoiselle Christine si, en recevant le jour, elle a hérité des bizarreries d'un père contre lesquelles s'est brisé le bon sens de madame Tourangeau. Elle est ainsi; mais qu'il est difficile de combattre la nature qui l'a dotée d'un tel tempérament!

XXIII

Pendant une huitaine, j'ai obtenu quelques résultats, grâce à l'aide de Julienne, toujours prête à se dévouer pour sa sœur. Les caprices et l'abattement de mademoiselle Christine ne la rebutent pas. Il était entendu qu'elle coucherait désormais dans la chambre de son aînée, et qu'elle essayerait de l'égayer, comme les nourrices qui engourdissent les souffrances des nouveaux-nés, en leur chantant de naïves chansons; mais quand Julienne est montée ce matin dans la chambre de sa sœur, nous avons entendu un grand cri.

— Elle n'y est plus ! s'est-elle écriée en descendant pâle et agitée.

— Christine! dit madame Tourangeau.

— L'as-tu vue, ma mère?

La mère et la fille ont couru au jardin et sont rentrées les traits altérés.

— Michel, cours dans la ville demander ta sœur!

— Ah! dit Julienne, je me rappelle maintenant que le verrou de la porte d'entrée était ouvert à six heures du matin.

— Mon Dieu, où peut-elle être? s'écriait la pauvre mère.

La tête plongée dans les mains, elle semblait chercher le lieu où s'était réfugié sa fille.

Michel, Julienne, entraient, sortaient de la maison et regardaient au loin avec des yeux si inquiets que les voisins en ont demandé la cause.

— Christine est partie, ma pauvre fille!

Madame Tourangeau sanglotait, et des mots entrecoupés s'échappaient de sa poitrine.

— Mes enfants m'abandonnent un à un.

Michel a pris la main de sa mère.

— Ah! oui, tu es bon, toi; mais ramène-moi Christine!

Julienne était sortie en cheveux, sans châle, et, dans un coin de la chambre, je contemplais cette scène douloureuse, me demandant si nos efforts pour rendre quelque activité à mademoiselle Christine, n'avaient pas contribué à sa fuite.

J'allais de la salle à manger à la porte de la rue, espérant en rapporter plus vite une bonne nouvelle; mais je ne rencontrais que les regards curieux des servantes du voisinage qui parlaient de l'événement en se montrant la maison Tourangeau.

Le père qui rentrait par le jardin sans rien savoir encore, devint sombre en remarquant l'émotion de sa femme.

— As-tu vu Christine? s'écria madame Tourangeau.

Une vive inquiétude se peignit sur les traits de l'honnête homme.

— Où est-elle? dit-il.

Comme sa femme ne lui répondait que par des larmes, il fit un geste de colère et partit brusquement.

— Qu'ai-je donc fait au Seigneur? s'écriait madame Tourangeau, entourée de femmes du voisinage qui lentement entraient, se groupaient autour du fauteuil et s'associaient par une douleur muette aux angoisses maternelles.

Julienne revint moins pâle ; mais les couleurs de l'agitation ne cachaient pas ses inquiétudes.

— Julienne, où est Christine?

La pauvre fille n'osait regarder sa mère.

— Mais parle donc !

— Personne n'a vu ma sœur; il faut qu'elle soit sortie de grand matin.

— Dans la nuit peut-être ! s'écriait madame Tourangeau. Ah ! mon Dieu ! cherche-la, je t'en prie. As-tu été à la diligence ?

— La voiture ne part qu'à midi, ma mère.

— On ne peut donc pas savoir ce que mon enfant est devenue! s'écriait madame Tourangeau désespérée, la tête penchée sur la poitrine.

— Ma mère, ne t'afflige pas, nous la reverrons.

— Hier soir, elle paraissait si tranquille !

— Elle reviendra, ma mère, console-toi.

Michel alors me fit signe de sortir.

— Il faut que nous rapportions des nouvelles de Christine, dit-il ; ma mère en mourrait !

Sur la place se formaient des groupes qui ne s'entretenaient que de cette singulière disparition, et tous les yeux étaient attachés sur nous.

— Christine doit errer dans la campagne, dit Michel.

Et il m'entraînait sans savoir où il portait ses pas. Je le suivais plein d'anxiété, me demandant quels motifs avaient déterminé la pauvre fille à ce coup de tête. Qui avait pu pousser mademoiselle Christine, sans force et sans volonté, à fuir la maison paternelle ?

Après deux heures de marche, nous revenions à la ville, lorsque nous avons rencontré M. Tourangeau.

— Toutes mes recherches ont été inutiles, a-t-il dit à son fils ; j'ai battu le pays... As-tu été du côté de la Chapelle-Blanche ?

— Viens, me dit Michel, on nous donnera certainement des nouvelles de Christine.

La Chapelle-Blanche est un petit monument sur la grande route, à deux lieues de Longpont. Les paysans des environs y vont en pèlerinage adorer la Vierge, et Michel a recouvré un moment d'espoir. Deux chemins y conduisent. Nous nous sommes séparés en nous donnant rendez-vous à la chapelle, et Michel m'a recommandé de demander des renseignements à tous les gens que je rencontrerais sur la route, comme aussi nous devions entrer dans chaque maison pour y laisser un signalement de mademoiselle Christine.

À deux heures de là, j'ai revu Michel près de la chapelle. De loin il m'a interrogé ; mais j'ai secoué la tête.

— Rien ! s'est-il écrié, personne ne l'a vue. Il se fait tard, rentrons. Christine doit être maintenant à la maison.

Comme nous revenions le soir dans Longpont, il m'a semblé qu'on nous regardait par les rues avec une émotion mêlée d'anxiété. Des groupes encombraient la rue et devant la porte se tenaient des femmes parlant à voix basse, qui se turent à notre approche.

— Michel ! s'écria une vieille en se jetant au-devant de lui, n'entre pas !

Ce mot m'a déchiré le cœur.

— Ah ! pauvre garçon ! pauvre garçon ! dit la vieille que Michel repoussait.

Les femmes s'écartaient pour nous faire place ; mais à peine entré dans le corridor, aux exclamations qui s'échappaient du groupe, je pressentis un affreux malheur.

Dans l'antichambre, les voisins et voisines à genoux, priaient, et des sanglots s'échappaient de toutes les poitrines.

Sur un lit était étendue Christine qu'on a trouvée noyée dans la petite rivière qui entoure la ville.

La pauvre fille, désespérant d'échapper à ses visions, s'était jetée à l'endroit le plus profond.

Quelle douleur dans cette maison où je n'entendis qu'un sanglot pendant deux jours !

Madame Tourangeau ne pleurait plus depuis

qu'elle avait conscience de la mort de sa fille. En une nuit, ses cheveux blanchirent. Cette douleur sans larmes faisait autant de mal que la vue de M. Tourangeau qu'on rencontrait dans le jardin, se cachant pour pleurer. Julienne n'a quitté sa mère que pour préparer la funèbre cérémonie.

Le lendemain, toute la ville vint défiler devant le corps de Christine, habillée de blanc et étendue sur un lit entouré de cierges allumés.

Pâle comme la fiancée de la mort, elle était d'une beauté angélique. La mort lui a imprimé le calme suprême que lui refusait la vie.

S'il est une atténuation aux douleurs profondes, la famille Tourangeau l'a trouvée dans l'intérêt que chacun lui porte. Pas un habitant de Longpont qui n'ait ressenti le contre-coup de cet affreux événement. On eût dit que, dans chaque famille, Christine laissait une mère, une sœur, une amie.

Nous l'avons accompagnée à la dernière demeure.

C'était par une belle matinée de printemps. Les jeunes filles en blanc suivaient le corps en chantant des cantiques, et les oiseaux répondaient par des chants joyeux.

La nature a peu de souci de la mort !

Pourquoi mademoiselle Émelina n'est-elle pas ici pour suivre le cortége ? Quelle leçon pour elle !

Je me suis arrêté sur le versant du vieux château, à l'endroit élevé de l'amphithéâtre du cimetière, où Christine repose maintenant en paix.

— De là, me disait un vieillard, les morts ont une jolie vue !

Mais combien souffrent les vivants de la disparition d'un être aimé !

Michel a respecté la cuisante douleur de sa mère. Que pouvions-nous lui dire pour la consoler ? Un tel chagrin doit se dévorer lentement.

M. Tourangeau, qui essayait jadis d'échapper à lui-même par des courses hâtives dans la campagne, est devenu plus affectueux pour ses enfants. Il se promène souvent au bras de Julienne dans cette allée couverte où je faisais de si doux projets avec sa fille.

Un soir que nous marchions à pas lents tous les quatre à travers le jardin :

— Ma mère souffre trop dans cette maison, a dit Michel. Mon père, si l'amour de vos enfants peut remplacer pour vous le pays natal, et si vous agréez la demande que fait Lucien de la main de Julienne, bientôt nous serons à Paris pour ne former qu'une seule famille.

Paris, 1861-1862.

FIN

LA PRINCESSE

AU RIRE DE MOUETTE

I

Vit-on jamais plus capricieuse personne que la princesse...?

Chaque hiver son salon était peuplé de figures si nouvelles qu'on se disait à l'oreille : — La princesse a donné son grand coup de balai.

Et, en effet, devant la cheminée où discutaient, l'année précédente, des diplomates et des hommes politiques, étaient assis maintenant de hauts fonctionnaires de l'Église, des dames de charité, de sévères douairières. La discussion sur les affaires européennes avait fait place à de religieuses conférences, à des loteries charitables, à de pieux bazars dans lesquels se vendaient des objets dont le prix était destiné aux pauvres. Alors la petite princesse (elle était de taille fort mignonne), habillée en demoiselle de magasin, souriait à tous les acheteurs avec un charme à faire pâlir de jalousie les grisettes blondes et brunes qui emplissent les magasins de modes de la rue Vivienne.

Une autre année, la petite princesse, ayant fait son salut par les œuvres de charité, remplaçait les gens d'Église par des académiciens. Même l'Académie des Inscriptions envoyait des représentants chez celle qui savait attirer par ses coquetteries les ours les plus mal léchés de la science.

N'est-ce pas un hommage considérable rendu à cette charmante et capricieuse personne que le distique suivant d'un géomètre, absolument étranger à toute poésie, et qui pourtant, touché par des charmes qui faisaient battre son vieux cœur, improvisait pour la princesse les deux vers suivants qu'il n'avait pas mis moins de huit jours à combiner :

> Sur votre beau bras je voudrais mettre
> Un long baiser d'un demi-mètre.

Une femme qui inspire de tels vers à un géomètre, lancé dans d'ardus problèmes, peut tout ; aussi la petite princesse avait-elle une certaine influence dans les élections académiques, et lettrés, poëtes et savants, qui briguaient d'entrer à l'Institut, regardaient comme une précieuse faveur d'être reçus dans ce salon si changeant.

L'année suivante, plus de pieuses conférences, plus d'intrigues académiques ! Il fallait faire preuve d'idéologie pour être admis chez la princesse. C'était une bande d'utopistes qui pétrissaient la société à leur manière, réformaient les passions, prétendaient changer les forçats en saints Vincent de Paul, chantaient la quadrature du cercle, proposaient des parquets mobiles, où chaque danseur devait accomplir une mission utile pour l'humanité, c'est-à-dire broierait du blé en polkant.

Honnêtes rêveurs qui se croyaient positifs. Le

salon était alors rempli de gros livres où étaient consignées les utopies de ces chercheurs, et l'imprudent qui eût parlé des nouvelles du jour eût été traité comme un être superficiel et choquant.

Un grand coup de balai débarrassait de ces excentriques la princesse qui tout d'un coup s'enthousiasmait pour la comédie. On ne voyait plus alors que gens de théâtre, auteurs dramatiques franchir la porte de l'hôtel, et la saison se passait à répéter des proverbes sur la représentation desquels l'auteur comptait pour faire oublier Marivaux. Mais avril arrivait et la princesse s'envolait pour ne revenir que six mois après, escortée de mystiques, d'idéalistes, de magnétiseurs, de tourneurs de table et d'esprits frappeurs. Des ombres illustres étaient évoquées qui poliment venaient prendre part à la conversation ; mais le décor changeait encore, et tous ces charlatans allaient chercher des dupes ailleurs.

Ainsi tour à tour on vit défiler dans ce bizarre salon, des lettrés, des financiers, des peintres, des gens de robe, d'illustres industriels, des gens d'épée, des imbéciles et des sots, des gandins d'une mise irréprochable et des savants à la chevelure emmêlée.

On eût pu appeler cette étrange personne la princesse Caprice : ses intimes l'avaient surnommée la Mouette rieuse, car toujours elle riait, n'importe quel sujet fût traité devant elle. Mais son rire était singulier. C'étaient des *tio, tio, tio, tio* pleins de ravissement. Quelquefois elle paraissait écouter avec une grande attention celui qui avait l'honneur de lui parler, et ne lui répliquait que par un *tssii, tssii, tssii, pipiktsouii,* non pas moqueur, mais qui semblait montrer qu'elle avait compris.

Dans les rapports habituels de la vie, la petite princesse répondait à tort et à travers comme si elle avait à peine entendu ; mais on lui pardonnait à cause des fantaisies qui emplissaient son esprit. Et il était plus curieux de l'entendre babiller comme un oiseau que d'entamer avec elle une conversation suivie, car, par parti pris sans doute, tout compliment elle le recevait avec un *lu, lu, lu, li, li, li, li,* terminé par une sorte de fusée joyeuse *tzzzzzzzzzzitzt*, et ce système de défense inconnu jusqu'alors avait effarouché nombre de soupirants.

Aussi ne s'étonnera-t-on pas de la réputation parisienne attachée à cette femme inexplicable. On se demandait : — A-t-elle de l'esprit? Et ceux qui l'étudiaient de près n'avaient recueilli que le *tio, tio, tio, tio, tio* étrange qui se faisait entendre d'un bout à l'autre du salon. Quelqu'un prenait-il à part la petite princesse, elle le regardait d'un regard bleu profond qui entr'ouvrait un coin du ciel, et chacun subissait ce regard hardi et timide à la fois, doux comme celui d'une jeune fille, qui pourtant semblait renfermer quelque vague inquiétude.

La petite princesse lassa jusqu'à la curiosité des chroniqueurs, qui se rejetaient forcément sur ses élégantes toilettes, ne pouvant découvrir le secret d'une femme qui allait contre toute étiquette. Avec ses yeux de naïade inquiète, sans cesse la princesse était à l'affût d'étrangeté, et l'anecdote fit grand bruit d'un vieux légiste de l'École de droit qu'elle enleva comme par enchantement un soir qu'il traversait le pont des Arts pour l'introduire, dans ses habits noirs fatigués, à un dîner de l'hôtel de la rue Chanaleilles où il fit une étrange figure.

Le juriste avait été un des invités de la princesse, trois ans auparavant, à une époque où on ne traitait dans son salon que d'histoire de droit et d'économie politique. Craignant de s'ennuyer un quart d'heure, la petite princesse fit monter le vieux professeur dans sa voiture pour le transporter au milieu de la société la plus aristocratique du faubourg Saint-Germain, et on pense quelle surprise produisit l'entrée inattendue d'un légiste, heureusement fort célèbre, mais que la princesse présentait étrangement en faisant suivre son nom de son rire particulier : *dlo, dlo, dlo, dlo, dlo, dlo, dlo, tiou !*

Était-ce mystification, coquetterie ? La petite princesse prenait-elle plaisir à jouir en même temps de l'étonnement de ses hôtes et de son cavalier ? Se donnait-elle la comédie de voir entrer un vieux Franc-Comtois, qui sortait rarement de son cabinet, dans un salon du noble faubourg ? S'amusait-elle de l'air sévère que prendraient de vieilles duchesses à cheval sur leurs quartiers de noblesse ?

Reine par la beauté, la princesse avait décidé que chacun la reconnaîtrait pour souveraine, et mille actes compromettants pour toute autre femme ne pouvaient effleurer sa réputation. Pendant un été elle traîna enchaîné à son char un poëte élégiaque auquel elle adjoignit bientôt un Marocain dont les Français venaient de s'emparer en Algérie, et ce fut un singulier attelage que celui d'un poëte lymphatique et d'un moricaud qu'elle menait aux Tuileries, aux eaux, jusqu'à ce qu'elle les remplaçât par des cavaliers plus divertissants.

La fantasque princesse, qui semblait arrivée de pays enchantés, commandait à la vie plate et régulière de se changer en imprévues surprises, et tous les êtres en habit noir, las eux-mêmes d'une existence monotone, favorisaient ses caprices, s'en donnant le régal en même temps.

La princesse était musicienne ; mais elle ne fatiguait pas de sa musique les oreilles de ses invités.

Assise au piano, elle devenait particulièrement étrange, quand les mains sur le clavier, jouant quelque sonate pathétique de Beethoven, elle se retournait brusquement tout à coup vers ses auditeurs pour se laisser aller à son rire de mouette. Certainement elle n'était pas émue et ne s'associait guère aux tourmentes du grand musicien passionné. Quoique le jeu de la princesse fût correct, chacun sentait qu'elle n'avait pas un vif sentiment musical. Il en était du piano comme de la comédie où la princesse apportait quelque chose de mécanique et d'artificiel qui faisait penser aux automates idéals du conteur Hoffmann.

On eût dit qu'un ressort caché donnait une animation factice à ses gestes, et les admirateurs de la petite princesse, quand elle jouait la comédie, avaient hâte que le rideau fût baissé pour s'assurer qu'elle n'était pas une admirable poupée construite par un inventeur ingénieux ; mais cette impression cessait quand la souriante personne reparaissant enlevait les cœurs de tous par un seul de ses regards nacrés. Et chacun se regardait comme le jouet d'une vision pour avoir pensé que cette créature idéale pût être quelque surprise à ressorts.

Naturellement les femmes jalousaient la princesse qui avait sur elles tant d'avantages. Ayant réuni dans ses salons des gens de natures si diverses, elle conquit de chauds admirateurs dans chaque classe, et il se trouvait partout des voix pour la défendre. D'ailleurs, sa réputation était couverte par un mari humble, une *utilité*, personnage muet qui recevait les invités à leur entrée, et disparaissait, ses devoirs de maître de maison accomplis.

Les toilettes de la petite princesse appartenaient à elle seule : aucune femme n'eût pu arriver à ses singulières harmonies toujours élégantes. Par ses charmes extérieurs, le philosophe Maupertuis l'eût prise pour type de sa Vénus physique. Petite, fine, souple, la princesse se plaisait à jouer habituellement une comédie antique où la poitrine à peine voilée par un filet à mailles indiscrètes eût certainement troublé les regards si une épaisse chevelure flottant jusqu'aux genoux n'en eût dérobé par instant les contours harmonieux. Et pourtant le monde parisien, si expert dans la connaissance de l'art de frelater la beauté, n'avait rien pu trouver que d'irréprochable dans les charmes extérieurs d'une femme dont on ne savait pas l'âge. La petite princesse avait-elle vingt ou trente ans? Légère comme un enfant, capricieuse comme un oiseau, elle n'avait pas changé depuis quinze hivers bientôt qu'elle tenait le monde élégant en alerte.

Depuis quinze ans déjà, cette fée ravissait les yeux de tout Paris, au bois, à l'Opéra, dans les salons, et toute la gent artistique l'avait célébrée en vers et en prose, en marbre et en bronze. Une coquette en eût perdu l'esprit. La petite princesse accueillait les plus humbles hommages, et son sourire, qu'elle prodiguait à tous, ne perdait pas de son charme. Elle médisait rarement des autres femmes, opposant à des méchancetés qu'elle n'ignorait pas une indifférence vraiment souveraine ; et toujours son rire de mouette se faisait entendre comme un grelot argentin qu'elle agitait pour dissiper les monotones brouillards de la vie.

II

Un événement survint, qui cependant fit connaître certaines particularités que cachait avec soin la petite princesse.

Pendant l'hiver de 185., elle ne manqua pas une représentation des Italiens. Chacun s'en étonna, connaissant son peu d'enthousiasme pour la musique : les chroniqueurs qui remplissent de leurs caquets les gazettes de l'étranger, et qui parlent volontiers des gens titrés comme s'ils vivaient dans leur intimité, insinuèrent qu'un nouveau ténor avait attendri le cœur de la princesse. C'est là le procédé vulgaire d'un certain journalisme, où s'enfantent des commérages pareils à ceux qu'on entend dans la loge d'un portier.

Le ténor qui débutait cette année n'avait pour tout bagage qu'une voix sans culture. Attribuer à la petite princesse une ombre de caprice pour un chanteur, dépassait le but ; car, si elle avait reçu quelquefois des comédiens chez elle, c'était pour remplir des rôles qu'aucun homme de son cercle n'osait aborder, et un billet de cinq cents francs, qui était le cachet habituel du comédien, dispensait la fée de toute reconnaissance.

Un motif devait attirer pourtant la princesse aux Italiens, où, contre les lois de l'étiquette, elle arrivait avant que le rideau fût levé. Les habitués se mirent à l'affût de ces mystérieux croisements de regards, qui, malgré leur soudaineté, ne parviennent guère à garder un secret. Les yeux de la princesse n'avaient rien de particulièrement mélancolique, et certainement la passion ne les troublait pas : ils paraissaient s'intéresser surtout au manége de l'orchestre, à la pantomime des archets maniés par des mains habiles, grimpant et descendant sur les cordes des violons avec d'alertes prestesses.

Ce qui occupait la princesse, personne ne le devina. Était-ce l'armée d'instruments qui grondent, babillent, tonnent, s'arrêtent, reprennent leur course, posent une note timide comme l'oiseau sur le sable, fuient, chantent tour à tour le plaisir, la douleur, les tristesses de l'âme, la sensualité de la chair, vibrent glorieusement dans leurs pavillons de cuivre, marchent isolés, se réunissent en groupe et font succéder des accents célestes à des chants de guerre tumultueux ?

La petite princesse voulait-elle se rendre compte des subtilités des violons aussi capricieux qu'elle, du mordant des contre-basses, de la voix grave des altos ? Les accents mélancoliques qui s'échappent de la poitrine des violoncelles lui faisaient-ils éprouver des vibrations particulières ? S'intéressait-elle aux unissons de flûtes, de cors, de hautbois et de clarinettes, qui vivent en si parfaite intelligence ? Frissonnait-elle aux ensembles éclatants d'un maître dont la fortune était grande alors, et qui, avec des cris passionnés, n'échappait pas toujours à la vulgarité ?

Ces contemplations prolongées dans l'orchestre amenèrent des commentaires sans nombre que l'on se garda bien de soumettre à la princesse, car elle y eût certainement répondu par son rire de mouette déconcertant.

Les musiciens qui peuplent les orchestres de théâtre ont autre chose en tête que les partitions que, par métier, ils sont condamnés à jouer une centaine de fois. Pour se distraire, les uns lisent des romans, les autres crayonnent; les plus pauvres copient de la musique; ceux-ci sont en quête d'inventions pour mystifier leurs camarades; ceux-là, la lorgnette en main, se croient le public, et sont au courant des habitudes du public aristocratique et musical des Italiens.

La petite princesse fut observée principalement par un homme à qui sa position dans l'orchestre donnait de nombreux loisirs.

Quoiqu'il s'agisse de descendre au dernier degré de l'échelle musicale, et que le conteur s'attende à être taxé de vulgarité, il en prend résolûment son parti, ayant par-deve lui des preuves positives qu'il garde comme témoignage que la bizarrerie cherchée n'est pas le motif du présent récit.

L'être qui a le plus de loisirs dans l'orchestre est la grosse caisse. Les compositeurs modernes ont un peu secoué son apathie naturelle ; mais il n'en reste pas moins à la grosse caisse d'heureux moments de far-niente. Sous une apparence matérielle et détachée des plaisirs mondains, le musicien cachait de vives curiosités qui furent éveillées par l'attention profonde que la petite princesse apportait à regarder l'orchestre.

Ce bonhomme, accomplissant ses fonctions avec la régularité d'un teneur de livres, pouvait se livrer à sa curiosité naturelle pendant les nombreux *tacet* de sa position. S'étant assuré que les regards de la princesse ne se portaient ni sur le public, ni sur la scène, ni sur les instruments à vent, ni sur les instruments à cordes, il fut longtemps à s'avouer la vérité.

La princesse ne le quittait pas des yeux !

Étrange aventure qui certainement n'était arrivée jusque-là à aucune grosse caisse.

L'homme refusa d'y croire. Il avait trop conscience de l'infériorité de sa position dans l'orchestre. Ah! s'il se fut agi du chef d'attaque des violons, qu'y eût-il d'étonnant à ce qu'une femme l'eût remarqué? C'était un joli garçon, jeune, élancé, aux mains fines, reliées aux bras par des attaches souples et élégantes. L'instrument, fixé à la poitrine par un menton d'un joli dessin, ne cachait qu'à demi un col élégant, dont la blancheur était rehaussée par la sombre couleur de l'instrument. Et comme l'art ne devait pas tarder à en faire un de ses plus fidèles servants, la passion animait son archet et rendait par de belles phrases les accents pathétiques des maîtres.

D'abord la grosse caisse avait cru que les regards de la princesse s'adressaient au jeune artiste, et il n'en fut pas envieux. Le talent attire la beauté et le violoniste était digne d'être distingué par une femme enthousiaste; la grosse caisse n'en eût pas témoigné de jalousie. Il est d'humbles et rares natures qui, se jugeant avec trop de modestie, appellent sur les autres des faveurs dont elles ne se croient pas dignes. L'homme en question applaudissait à l'enlèvement du violoniste par la princesse; il souriait de lui voir aplanir des difficultés matérielles qui trop souvent arrêtent l'essor d'un artiste perdu dans un orchestre, et il hésita quelque temps à prévenir de son heureuse étoile le violon qui, tournant le dos à la loge où était accoudée la princesse, n'avait pu voir le manége de ses regards.

Mais il était certain que la princesse ne témoignait aucun intérêt au violoniste : tous ses regards étaient concentrés, il n'y avait pas à s'y méprendre, dans le coin de droite où seul, avec un petit timbalier, la grosse caisse faisait loyalement sa partie.

Quelle aventure pour un homme qui, depuis dix ans de service aux Italiens, n'avait jamais entendu un mot d'encouragement! Ses camarades se félicitaient mutuellement sur un passage bien rendu, un train, un bel arpége, un solo; mais les seules paroles que recueillait le musicien, étaient des exclamations méprisantes des habitués de l'orchestre qui, se trouvant trop près de lui, s'écriaient sans craindre de blesser son amour propre : — Cette grosse caisse est vraiment insupportable.

S'il n'avait pas obéi au coup d'archet du chef d'orchestre, quelle esclandre ! On l'eût traité comme le dernier des machinistes. Il remplissait son devoir scrupuleusement; jamais on ne parut remarquer sa ponctualité.

Le modeste musicien voulut douter des regards de la princesse, se regarda dans le miroir de sa pauvre mansarde, et se dit qu'aucune bonne fortune semblable n'était arrivée à ces grosses caisses méprisées, dont il n'est fait mention dans nulle biographie musicale ; et il en conclut qu'une hallucination s'était emparée de ses yeux, qui lui faisait croire qu'une grande dame s'intéressait à son mérite.

Pourtant la princesse le regardait avec des yeux pleins de tendresse, et quand il saisissait son tampon, il recueillait les sourires enflammés de la fée.

Bien des fois le pauvre homme s'en alla la tête basse, rêvant à ce mystère. Sa tête s'égarait à chercher les raisons qui lui valaient des regards à le faire pâmer. Désespérant de trouver en lui des éclaircissements, le musicien résolut de s'en ouvrir au seul camarade qu'il eût dans l'orchestre, une contre-basse, homme grave et sérieux. Se défiant de ses visions, la grosse caisse voulait mettre deux yeux prudents aux aguets, afin de connaître s'il n'était pas victime d'une illusion. L'ami, honnête père de famille, également en dehors des intrigues de théâtre, reçut, non sans stupéfaction, cette confidence, et conseilla à son camarade de se tourner du côté de la scène pour échapper à des regards si dangereux, au cas où ils auraient quelque fondement; mais, dès le même soir, la contre-basse connut que le musicien ne s'était pas trompé.

Attentive, la tête penchée vers l'orchestre, la princesse suivait d'un œil enthousiaste chaque mouvement de la grosse caisse, et son visage s'illuminait étrangement quand l'homme prenait son tampon. Il sembla même à la contre-basse que par un mouvement simultané la princesse agita le bras en même temps que frappait le *pan* retentissant, et une sorte d'extase parut sur les traits de la fée comme si ce fût elle-même qui eût donné un coup suprême sur la peau de l'instrument.

Un duo d'amour ayant succédé qui commandait à la grosse caisse de rentrer dans le silence, le sourire disparut des lèvres de la princesse désenchantée et le soir les deux musiciens s'en allèrent, épiloguant sur cette singularité ; mais le calme était sorti de l'esprit de la pauvre grosse caisse.

Qu'on se représente un homme de quarante-quatre ans, d'un extérieur médiocre, sans prétentions, n'ayant jamais eu de bonnes fortunes, qui se trouve sous le coup des regards assidus d'une femme à la mode, jeune, riche, dont l'arrivée au balcon produit une vive sensation dans la salle ! Plus les œillades redoublaient, plus le pauvre homme se sentait intimidé.

L'honnête musicien cherchait ce qui avait pu séduire une grande dame, et ne trouvait pas dans son extérieur matière à pareil caprice ; mais son cœur n'en était pas moins caressé par de douces chaleurs, et maintenant c'était avec une joie ineffable qu'il entrait dans l'orchestre par la petite porte noire du dessous du théâtre, qui prenait la teinte d'un paradis. Ses sens avaient acquis des perceptions particulières : il entendait les pas de la princesse sur le tapis du corridor avant qu'elle ne fût entrée au balcon ; il sentait son bouquet de fleurs entre tous les bouquets de la salle, et lui, qui frappait d'habitude la peau de son instrument avec une sérénité olympienne, n'arrivait plus devant son pupitre que plein d'émotion, craignant de commettre quelque faute. Ses pauses, il avait besoin de les compter aujourd'hui ; car tant de jolies pensées se jouaient dans son esprit qu'il ne suivait plus le drame de la scène, et, comme l'amour est une sorte d'hallucination, l'homme tremblait de frapper à contre-mesure ou de commettre une de ces queues honteuses qui déshonorent un musicien.

Toute la salle disparaissait maintenant : le lustre, le public des loges, le chef d'orchestre, jusqu'au timbalier placé à ses côtés. Une seule personne était visible, la petite princesse, que le musicien entrevoyait dans un élysée féerique, plus adorable encore qu'elle ne l'était en réalité. Quant à lui, il doutait s'il vivait, s'il voyait, s'il entendait, et il marchait dans une sorte d'atmosphère impalpable. Cependant la contre-basse l'emmenait tous les soirs et lui tenait de raisonnables discours, sentant bien que l'homme nageait dans le bleu et perdait de vue la terre ferme. En ami dévoué, le brave musicien écoutait les folies de la grosse caisse, qui, après tant de muettes extases, avait besoin d'un cœur pour s'épancher.

Un jour, pourtant, l'amoureux disparut tout à coup. S'élançant dans le dessous du théâtre, sans rien dire de son projet, il s'enfuit pour attendre la princesse à sa sortie; après avoir écarté laquais et curieux qui encombrent le péristyle, il arriva au moment où la fée, suivie de deux grands valets qui la protégeaient contre la foule, s'enveloppait de fourrures, et il sembla au pauvre musicien qu'il avait été vu et qu'un sourire d'adieu accueillait son audace.

L'homme rentra chez lui sous le coup d'émotions nouvelles : remarqué par la princesse, il n'avait pas reçu un de ces regards méprisants auxquels il s'attendait. Ce furent encore de nouvelles confidences à la contre-basse, qui les accueillit d'un air soucieux. Ce musicien était plein de bon sens. L'habitude de marquer la mesure et d'élever autour des instruments capricieux une sorte de muraille impossible à franchir, avait communiqué à tous les actes de sa vie une précision dont il ne se départait jamais. Il fit entendre à la grosse caisse que ces entrevues, dangereuses pour son repos, devaient rester sans résultats ; et l'amoureux baissait la tête, sentant que son camarade avait raison.

Un nouvel incident advint, qui troubla pourtant la sage contre-basse.

Un soir, la princesse ne parut pas au balcon à l'heure accoutumée, et déjà la pâleur couvrait la figure inquiète de la grosse caisse, lorsqu'une odeur particulière et troublante le fit détourner subitement, en même temps que grinçait la porte d'une loge de rez-de-chaussée d'avant-scène.

La petite princesse venait de s'installer à deux pas de lui !

Une flamme subite embrasa la poitrine du pauvre homme, qui s'appuya sur son instrument, car il craignait de tomber. Ses tempes battaient, son cœur bondissait, un courant électrique faisait bouillonner son sang et l'anéantissait de bonheur ; phénomènes si visibles que la contre-basse s'en aperçut.

— Qu'as-tu ? dit-il à son camarade, qui venait de s'asseoir, quand il eût dû se tenir debout pour le début d'une marche héroïque. Tu te trouves mal ?

— Ah ! trop bien ! murmura l'homme avec un clin d'œil significatif, pour faire comprendre la situation à son ami.

L'honnête père de famille fut pris lui-même d'un certain vertige. Dans la petite loge du rez-de-chaussée, la princesse, souriante, était là, si près des musiciens, qu'elle eût pu toucher la crosse enroulée d'une contre-basse reposant dans son collier de fer, qu'on n'employait que dans de rares occasions.

— Sois prudent, dit à demi-voix la contre-basse à l'amoureux.

Mais son cœur était trop plein d'ivresse. Accablé sous le poids de son bonheur, la grosse caisse commit une légère faute musicale, et ce furent des éclairs que lui lança le chef d'orchestre, qui le menaça de son archet comme d'une cravache.

En ce moment, la grosse caisse eût étranglé son supérieur. Il était déshonoré publiquement aux yeux de celle qu'il adorait, de celle qui s'était rapprochée de lui !

Les veines du musicien se gonflèrent, et à un puissant *tutti*, où une note admirablement trouvée par le compositeur rendait un lyrique enthousiasme, l'homme, voulant faire oublier par son zèle la faute qu'intérieurement il se reprochait, lança un coup si formidable que la peau tendue creva avec un immense déchirement !

— *Tsii, tsii, tsii, kouorror, tiou, pipitksouii*, fit la petite princesse qui sortit de sa loge comme un médecin de la maison d'un mort.

III

L'aventure circula dans l'orchestre après le départ de la grosse caisse, qui reçut son congé, et ce mystère fût resté sans éclaircissements, si la contre-basse n'en eût plus tard donné la clef.

D'humeur voyageuse, le musicien s'engageait volontiers, l'été, pour des concerts à l'étranger. Le hasard l'amena à Roquebrune, où il retrouva la petite princesse, qui, chaque année, passait six mois dans une propriété qui lui appartenait. Là, recommençaient les fêtes parisiennes, les bals, les spectacles dont un journal rédigé par la princesse et ses amis, rendait compte spécialement. Cette femme capricieuse se piquait de littérature, et, en effet, on connaît d'elle des morceaux écrits avec une certaine finesse, comme le prouve le fragment suivant :

« Dans un orchestre, je l'avoue, c'est la grosse caisse qui m'occupe le plus. J'y trouve l'intervention imprévue, le dieu de la machine qui se manifeste dans les grandes circonstances. Le reste de l'orchestre se livre à une course désordonnée et sans arrêt, ce ne sont que trilles, fugues, tremolos ; mais au moment solennel, la grosse caisse élève la voix à son tour. Quelle force ! quelle majesté ! quel effet ! Pendant que les autres instruments courent, se heurtent et font tapage comme les souris en l'absence du chat, il attend avec dignité, il compte ! Il se dit : Quinze ! Attention !.. Seize ! Allez toujours, pauvres musiciens !... Dix-sept ! C'est bientôt mon tour !... Dix-huit ! Nous allons rire tout à l'heure !... Dix-neuf ! Voilà un violon qui joue faux !... Vingt !... Boum ! »

Du drame des Italiens il n'était pas question. Ce cœur brisé, qui avait fait explosion avec l'instrument, la petite princesse ne paraissait pas l'avoir remarqué.

Et comme un dilettante s'étonnait de l'enthousiasme d'une femme pour un instrument si bruyant :

— Ignorez-vous, lui dit un des intimes de la princesse, qu'elle est sourde ?

FIN

Poissy. — Typ. S. Lejay et Cie.

www.ingramcontent.com/pod-product-compliance
Lightning Source LLC
Chambersburg PA
CBHW071254160426
43196CB00009B/1290